Comentarios elogiosos sobre
Cada hombre, un hombre de Dios

«Stephen Arterburn y Kenny Luck han captado bien el mensaje audaz que los hombres quieren y necesitan escuchar hoy. *Cada hombre, un hombre de Dios* habla el lenguaje de los hombres, instándoles a encaminarse a una nueva dimensión de fe auténtica y revelando los principios clave que necesitan para ser un hombre de Dios en cada área de sus vidas».

> FISHER DEBERRY, entrenador principal de fútbol,
> de la Academia de la Fuerza Aérea de los Estados Unidos.

«*Cada hombre, un hombre de Dios* ofrece un mensaje transformador de la vida para los hombres. Aplaudo a Arterburn y Luck por su esfuerzo en animar a los hombres en cuanto a su búsqueda de Dios y a vivir de forma piadosa. Todo hombre necesita leer y aplicar estas verdades».

> DAN QUAYLE, ex vicepresidente de los Estados Unidos
> y autor del libro *Standing Firm.*

«Estoy convencido de que nuestro gran Dios y Salvador quiere llevar a cabo hoy un gran avivamiento por medio de los hombres cristianos. Sin embargo, lo que una gran mayoría de ellos experimentan a diario es una continua derrota y falta de crecimiento en su desarrollo espiritual. Stephen Arterburn y Kenny Luck identifican muchos de los problemas en los que los hombres enfrentan dificultades e indican cómo pueden ponerse en línea con los propósitos de Dios, y convertirse en los líderes y vencedores espirituales que Él desea que sean».

> BILL BRIGHT, fundador de Campus Crusade
> for Christ International

«Tengo gran estima por Stephen Arterburn y Kenny Luck y su mensaje positivo para los hombres. Todo hombre que quiera llegar a ser todo lo que Dios se propuso que fuera se beneficiará mucho de los consejos de Steve y Kenny».

> JOSH MCDOWELL, autor de éxitos de librería y orador.

cada hombre,
un hombre de Dios

cada hombre, un hombre de Dios

Guía de cada hombre hacia...
La fe valiente y la integridad diaria

Stephen Arterburn
Kenny Luck con Mike Yorkey

EDITORIAL
UNILIT

Sepa

Publicado por
Editorial Unilit
Miami, Fl. 33172
Derechos reservados
© 2008 Editorial Unilit (Spanish translation)
Primera edición 2008

© 2003 por Stephen Arterburn, Kenny Luck y Mike Yorkey
Todos los derechos resevados.
Originalmente publicado en inglés con el título: *Every Man, God's Man*
por Stephen Arterburn y Kenny Luck.
Publicado por WaterBrook Press,
una división de Random House Inc.
12265 Oracle Boulevard, Suite 200
Colorado Springs, CO 80921 USA
Publicado en español con permiso de WaterBrook Press,
una división de Random House, Inc.

Todos los derechos de publicación con excepción del idioma inglés son contratados
exclusivamente por GLINT,
 P. O. Box 4060, Ontario, California 91761-1003, USA.
*(All non-English rights are contracted through: Gospel Literature International,
PO Box 4060, Ontario, CA 91761-1003, USA.)*

Traducción: José Luis Martínez
Edición: Rojas and Rojas Editores, Inc.
Fotografía de la portada: ShutterStock.com – Khafizov Ivan Harisovich

Los nombres en las historias se cambiaron para proteger la identidad de los personajes.
Las itálicas en los pasajes de las Escrituras fueron añadidas por el autor.
El texto bíblico ha sido tomado de la versión Reina Valera © 1960 Sociedades
Bíblicas en América Latina; © renovado 1988 Sociedades Bíblicas Unidas. Utilizado
con permiso.
Las citas bíblicas señaladas con NVI se tomaron de la Santa Biblia, *Nueva Versión
Internacional*. © 1999 por la Sociedad Bíblica Internacional.
Usadas con permiso.

Producto 496812
ISBN 0-7899-1429-8
ISBN 978-0-7899-1429-3
Impreso en Colombia
Printed in Colombia

Categoría: Vida cristiana/Vida práctica/Hombres
Category: Christian Living/Practical Life/Men

Índice

Prefacio

Kenny Luck ha estado ayudando, sin llamar la atención, a los hombres en nuestra iglesia durante los últimos catorce años, y Stephen Arterburn ha sido para nosotros un predicador y ministro sustituto por años. Durante este tiempo los dos han estado al lado de muchos hombres y han compartido sus vidas y amor por la Palabra de Dios en grupos pequeños, en nuestros retiros y en la enseñanza para nuestros hombres del estudio de la Biblia en la mañana. Su pasión y habilidad para ayudar a los hombres son bien conocidas en nuestra iglesia, sobre todo entre las esposas.

Pero más especial para mí que la habilidad de Kenny y Steve para entrar dentro de la esfera del hombre y llevarlo al siguiente nivel de su calidad de hombre cristiano es su experiencia personal de este mensaje. Ambos han luchado y ganado batallas difíciles, han superado adversidades y han buscado diligentemente una santidad práctica que habla poderosamente a los hombres de todas las edades.

Si usted está dispuesto a leer con un corazón abierto y humilde *Cada hombre, un hombre de Dios* le hará sentirse incómodo, le inspirará a hacer cambios positivos y le llevará a aceptar riesgos nuevos en su fe. Lo que es más importante, Dios va a usar las ideas de este libro para el adelanto de su Reino en su corazón y, de esa forma, fomentar el avance de sus propósitos en el mundo. El libro que tiene en sus manos no tiene que ver con la resolución de los problemas del hombre; sino con un resurgimiento personal de propósito. *Eso* me entusiasma.

Rick Warren, autor de *Una vida con propósito*
y pastor principal de la Iglesia Saddleback

Reconocimientos

Vaya mi aprecio sincero y profundo a mi pastor Rick Warren, por capacitarme para confiar en los propósitos de Dios y para arriesgar entregando mi vida por ellos.

Dios hizo que mi camino se cruzara con el de Steve Arterburn hace más de una década, y desde entonces nunca he vuelto a ser el mismo. He trabajado con grandes hombres, pero nadie le ha superado en la categoría de la visión espiritual en el ministerio. Eres un soñador para Cristo Jesús. Todavía me asombra de que seas mi amigo íntimo y maestro después de todos estos años.

Estoy en deuda con Ben Evans, Hans Schroeder, Jeff Genoway, Paul Petit y Todd Wendorff, todos grandes hombres, sin los cuales yo sería realmente pobre en esta vida. Debido a ustedes, mi Dios, mi esposa, mis hijos, mi comunidad y mi mundo pueden tener un hombre mejor. Gracias por ser mis hermanos de por vida.

Tengo profunda gratitud por los hombres del jueves por la mañana, que sirven de modelo para el mundo del poder y la promesa de la comunidad de hombres en la iglesia local. Gracias por levantarse al amanecer para seguir creciendo en su fe y darse la mano unos a otros. Ustedes son los que hacen que todo sea auténtico y que esté bien fundamentado.

Por último, ser el esposo de Crissy y padre de Cara, Ryan y Jenna hacen que yo me sienta el hombre más rico de este mundo. Gracias por todos sus sacrificios. Este libro tiene vida porque todos ustedes son mi vida.

KENNY LUCK

Introducción
por Stephen Arterburn

Perdóneme por no comenzar este libro con una gran ilustración deportiva o alguna otra anécdota inspiradora machista como se supone que deben empezar los libros de hombres. En realidad lo que voy a hacer es correr en la «dirección equivocada», como suele decirse en el fútbol americano, contándole una experiencia bochornosa de fútbol que tuve. Dicho sea de paso, la expresión «correr en la dirección equivocada» tuvo su origen con Roy Riegels, un defensa que recuperó una pelota en un partido en el Rose Bowl en 1929 y se fue corriendo muchos metros en la dirección contraria hasta que un compañero de equipo logró derribarlo.

Mi historia comienza en un campo de fútbol duro y polvoriento de una escuela secundaria en Bryan, Texas, donde yo aborrecía cada minuto de práctica que me hacía sudar, me dejaba medio desencuadernado, y que nunca nos llevaba a la victoria porque nuestro pobre equipo perdía casi todos los partidos. Todavía puedo saborear en mi boca el polvo de aquel campo de prácticas carente de hierba. Todavía puedo sentir la respiración dificultosa bajo el peso de casi quince kilos de equipo, una camisa de franela y una humedad tan pesada que cortaba el contenido de oxígeno en un 50 por ciento.

Sí, usted ha oído bien. Yo aborrecía jugar al fútbol, incluso si eso sucedía en Texas, donde el fútbol en la escuela secundaria es una especie de religión estatal y las calles de los pueblos llevan los nombres de los jugadores de fútbol.

Ya lo he dicho. En otros libros he confesado que tuve una vida de promiscuidad e incluso pagué por un aborto, pero eso fue fácil en comparación con lo que hice: Reconocer que aborrecía jugar al fútbol. ¡Qué deporte tan estúpido!

Viéndolo en retrospectiva, me hubiera gustado haber sido un actor en el conjunto de drama de la escuela. (Eso quiere decir que yo quería ser un actor, para aquellos que viven en Río Linda). Digo esto a pesar de que mis destrezas futboleras aparecieron una vez como noticia en las páginas deportivas del periódico *Bryan Daily Eagle*. Guardo incluso un artículo con las esquinas dobladas en mi álbum de recortes que dice que quizá fui el mejor jugador que hasta entonces había entrado al Bronco Stadium.

Mi carrera de fútbol tan poco favorable empezó más tarde en mi segundo año en la Escuela Secundaria Stephen F. Austin, el hogar de los Broncos, cuando mi entrenador principal tuvo la idea brillante, durante la práctica de primavera, de pasarme del centro a la defensa en el equipo. Yo pesaba entonces ciento cinco kilos; mucho de ese peso era gordura de nacimiento, pero mis pies eran veloces. Me gustó la decisión del entrenador porque el atractivo de inclinarme, pasar la pelota a las manos de otro entre mis piernas, y luego bloquear a un grandote y pesado dispuesto a tumbarme sobre mi trasero había perdido algo de su brillo, si usted capta lo que quiero decir.

Al final de aquella práctica de primavera, jugamos el partido anual del Green-White, una competición entre equipos que se celebraba en el mes de abril cuando la temperatura era ya bastante elevada. Jugábamos por la sola razón de que la gente en Texas no podía esperar hasta septiembre para ver un partido de auténtico fútbol. Aun las mujeres estaban deseosas de volver a aquellas gradas y gritar. Parece que ese era el único lugar seguro para que algunas de ellas pudieran hacer eso.

Mi primer partido de Green-White se celebró en una noche de viernes abrasador en el Bronco Stadium. Durante la mayor parte del partido, estuve situado detrás, en la defensa. Cuando pasaban la pelota hacia atrás, mi tarea consistía en correr dentro de la línea, simulando que tenía la pelota en mi poder. A lo largo de los tres primeros defensores, agaché la cabeza y me metí en la línea; en vez de estar en realidad bloqueando a alguien, caería en un montón con la esperanza de haber hecho tropezar a alguien. Pronto me convertí en un experto en esta clase de jugada.

¡Qué pobre espectáculo debía estar dando! En vez de hacer un bloqueo aplastador de alguien o de abrir una brecha para que pasara mi compañero con la pelota, lo que más bien hacía era caerme en la línea. Esto tenía bastante sentido puesto que yo era un tipo que evitaba el dolor a toda costa.

ENTONCES SUCEDIÓ ALGO INESPERADO

Más tarde en el juego, sucedió lo inesperado. En vez de ser carne de cañón como lo había sido en las cuarenta jugadas anteriores, yo tendría que correr con la pelota. Mi tarea en el juego consistía en recoger la pelota, burlar un bloque de musculosos contrarios, pasar por la defensa contraria y correr hacia la línea de meta. Al menos así era como habían elaborado el plan. Lo más probable es que yo quedaría atrapado en la línea de contacto y me vería aplastado debajo de un buen montón de jugadores, y tratando desesperadamente de respirar.

Estábamos dentro de nuestra línea de treinta metros, lo que quiere decir que nos encontrábamos a setenta metros de la línea de meta. Después de oír la jugada, me imaginé corriendo hacia la línea y caer hecho una bola mientras sujetaba fuertemente la pelota. Casi podía escuchar la risa del locutor oyéndose por todo el sistema de altavoces, y diciendo algo como: «Cédele la pelota a Arterburn… Oooh, el pobre no llegó muy lejos, ¿no es cierto?»

No recuerdo mucho lo que el entrenador dijo, pero lo que sí recuerdo es que usó la palabra *pésimo* al menos diez veces.

Pasaron la pelota. Yo empecé a moverme en mi posición detrás de la defensa y lo único que iba más acelerado que mis pies eran los latidos de mi corazón. Extendí mis manos, el mariscal de campo me pasó la pelota y me dirigí hacia aquella enorme línea de carne humana formada por los jugadores contrarios dispuestos a cerrar el paso a cualquiera. Entonces sucedió algo extraño: Se abrió una brecha en el muro, yo pasé como una bala por la línea de contacto y casi se me cayó la pelota por lo increíble que aquello me parecía.

Me sentí como iluminado en mi carrera, pues logré burlar a los contrarios y ahora todo consistía en una carrera entre Billy David, el jugador más rápido en el campo, y yo. No había manera de que yo pudiera ganarle a Billy. Cuando él llegó a mi altura, pude darle un empujón con mi hombro y derribarlo. No podía creer lo que estaba pasando. Yo corría como si se tratara de salvar mi vida. *¡Ya está en los treinta metros, ya va por los veinte, los diez!*, decían por los altavoces. *¡Va a llegar... a la... meta! ¡Lo logró!*

Yo estaba loco de alegría hasta que llegaron mis compañeros de equipo a donde yo me encontraba. Tuve dificultades para mantenerme en pie, y entonces todos empezaron a darme palmadas fuertes en mi casco. ¡Eso duele! Escuché los gritos y aplausos de los aficionados enloquecidos que llenaban el estadio, y al día siguiente los reporteros deportivos del periódico local me llamaron «El matón expreso de los Bronco», alguien destinado a convertirse en el mejor jugador para correr con la pelota que jamás había jugado en el campo de los Broncos.

El alboroto continuó hasta el comienzo de la temporada de otoño. Las personas en Bryan, Texas, que dependían del fútbol — y tengo que decir que eso incluía a casi todos en la ciudad, hombres, mujeres y niños— dependían de mí, del jugador de fútbol que aborrecía ese juego y que quería dejarlo para siempre.

Creo que yo tenía ese sentimiento porque el entrenador nunca dejaba pasar una oportunidad para decir que yo era la excusa andante más tonta como un jugador de fútbol, alguien que se había metido en la línea sin convicción y que había producido por chiripa una oportunidad para una carrera de setenta metros y llegar a la meta. Cuando el entrenador revisó la película del partido conmigo, no recuerdo mucho de lo que él dijo, pero lo que sí recuerdo es que usó la palabra *pésimo* al menos diez veces.

Entonces comenzó la temporada. Cuando usted juega fútbol americano es solo una cuestión de tiempo para que alguien le golpee bien fuerte muy cerca de algún órgano vital. En el primer juego de la temporada, yo llevaba la pelota cuando alguien me derribó, y sentí como si mi riñón izquierdo hubiera explotado dentro de mí. El entrenador me dio unas palmadas y me envió de nuevo al campo. Unas pocas jugadas después, alguien me dio un golpe fuerte en un hombro que desplazó algunos cartílagos. El entrenador me volvió a dar unas palmadas y me mandó de regreso al campo. No tardando mucho recibí otro golpe directo en las costillas, uno de esos que hacía que se estremecieran las mujeres con sus peinados en forma de colmena en la grada 18. A mí me llamaba el matón de los Broncos, pero era a mí al que mataban.

Eso resume bastante bien aquel primer año, que quedó igualado por otro de esfuerzo propicio para las lesiones en mi último año. Durante más de dos años dediqué horas y horas a un juego que aborrecía, desarrollando habilidades que nunca más volvería a usar. Uno de los días más felices de mi vida fue cuando terminó la temporada de fútbol y cambié mi uniforme por una chaqueta con una gran *B* grabada en ella. La *B* no se refería a Bronco, sino a «*bruised*» [lesionado].

REFLEXIONES SOBRE UN CAMPO DE JUEGO

Gracias por escuchar mientras me desahogaba de mis experiencias de fútbol en la escuela secundaria. Para que una persona como yo soportara esa clase de lucha diaria, tenía que haber una razón muy fuerte para que estuviera dispuesto a hacerlo. Y la había. La razón por la que yo jugaba es porque en Texas si un hombre joven no lo hace es porque es homosexual. Mi identidad de hombre dependía de eso. (Bueno, si uno no juega al fútbol eso no quiere decir que sea de verdad *gay*, pero todos pensaban que sí). Yo quería que me vieran como un hombre, y no deseaba que mi calidad de hombre se pusiera en duda por no jugar en aquel equipo. De modo que aguanté hasta el duro final y demostré a aquellos aficionados en el estadio de los Broncos que yo era un hombre.

Sin embargo, en retrospectiva, veo aquellos días con pesar. Yo hubiera sido mucho más feliz participando en el conjunto de drama de la escuela y teniendo un papel en las obras que representaban. ¡Además, ensayaban en salas con aire acondicionado! El fútbol fue una gran pérdida de tiempo.

Ahora que le he confesado esta locura, me pregunto si usted alguna vez se ha detenido a pensar en que algunas de las cosas que ha hecho en el pasado fueron para demostrarse a sí mismo y a otros que era un hombre auténtico. Algunos persiguen ciertas carreras o conquistas sexuales, y luego se aborrecen a sí mismos por esa causa. Sin embargo, en cada una de esas situaciones de éxito o placer, queda un alma vacía que proclama: «Soy un hombre».

Nosotros los varones tenemos algunas maneras raras de probar nuestra cualidad de hombres, pero eso es debido a que tenemos algunas ideas extrañas de lo que significa ser un hombre. Muchos de nosotros no tuvimos padres que nos llevaran de la mano, y luego estuvieran con nosotros hombro con hombro, para mostrarnos el camino en el mundo. Muchos de nosotros nunca hemos tenido un padre que reconociera nuestra cualidad de hombre, lo que significa que hemos quedado encerrados en una búsqueda desesperada por alguien, o por algo, que lo reconociera.

Ahí está el problema. Malgastamos nuestra vida haciendo esas cosas tontas para tratar de encajar, de demostrar nuestra valía en el fragor de la batalla, o para mostrar nuestras habilidades. Estamos enfocados en lo que los otros piensan, quienquiera que sea. Mi argumento es que estamos jugando ante la audiencia equivocada. El Dios Todopoderoso es la única audiencia que necesitamos, y Él no es para nada tan voluble como lo eran aquellos aficionados que llenaban el estadio de los Broncos hace tres décadas. Cuando jugamos para Dios, nos convertimos en hombres de Dios. Es con su camiseta y con su equipo con los que estamos jugando.

Y Él tiene nuestro número

Nosotros, los varones, tenemos algunas maneras raras de probar nuestra cualidad de hombres.

Cuando usted se convierte en un hombre de Dios, todo lo demás cae en su justo lugar. Usted pasa de jugar para una audiencia voluble a jugar para una audiencia de un admirador a tiempo completo y para toda la vida: el Hincha Supremo que creó el universo y a usted. Dios nos llama para que seamos su hombre, y debido a que significamos tanto para Él, nos va a seguir animando a seguir adelante por el gran amor que nos tiene.

Sospecho que usted escogió este libro porque en el fondo de su corazón quiere de verdad ser un hombre de Dios, aunque no está tan seguro de que quiera dar un paso atrás y examinar con sinceridad su vida o las cosas en las que está involucrado. Quizá dude de que de verdad tenga lo que se requiere para ser un hombre de Dios.

Permítame que haga una pausa para decirle algo que puede aplicarse a cómo se ve usted a sí mismo. En el último año, he estado trabajando con un entrenador para tratar de rebajar la gordura que se acumula en los años de la media vida y tener esos tremendos músculos abdominales que pueden verse en los informativos comerciales de la noche. Al tiempo que mi entrenador me grita que haga más ejercicios para fortalecer el área del estómago, yo, empapado de sudor, me sigo diciendo a mí mismo que no puedo creer cuánto tiempo y energía son necesarios para producir un abdomen en el que se vean los seis músculos.

Digámoslo de esta forma. Dudo que alguna vez vaya a tener un conjunto de músculos abdominales semejantes a las tablas de lavar que se usaban hace setenta años, y si alguna cámara de televisión se enfocara en mi abdomen, todo lo que vería sería mi estómago —plano, les digo con orgullo, pero no musculoso. Pero esto es lo que he aprendido. Si yo me muriera e hicieran una autopsia en mi cuerpo, usted podría cortar a través de la carne y la grasa y encontrar mis músculos debajo de esas capas. Mis músculos están allí; aunque usted no puede verlos como se ven en esos comerciales de la televisión.

Lo mismo probablemente se aplica en cuanto a usted. Debajo de todos sus horribles hábitos y el terrible tratamiento de otros, usted encontrará músculos de carácter. Ese carácter ha quedado cubierto por las cosas de este mundo. A menos que usted sea la reencarnación de Ted Bundy (el asesino en serie del que hablaremos más en el capítulo 11), el poder de Dios puede edificar sobre su carácter y ayudarle a llegar a ser un hombre de Dios, sin importar lo que usted haya hecho o por lo que ha pasado en la vida. Si duda de lo que le digo, lea por favor las palabras afirmativas de las Escrituras:

«Porque siete veces cae el justo, y vuelve a levantarse» (Proverbios 24:16).

Usted puede haber caído tanto que quizá tenga ganas de quedarse en el suelo. Yo sé de eso. Una vez busqué el refugio del suelo al chocar contra la línea en el campo de fútbol. Más tarde en la universidad, tropecé tantas veces que ya no sabía lo que era estar de pie. Pero usted no tiene que seguir haciendo eso. Puede empezar hoy a edificar sobre el residuo de carácter que queda dentro de usted y comenzar a desarrollarlo para asemejarse al carácter de Dios.

Descubrir el carácter de un hombre de Dios es de lo que se trata el libro *Cada hombre, un hombre de Dios*. ¿No es eso lo que usted realmente quiere? ¿No quiere usted de verdad hacer algo que le ayude a crecer y estar más cerca de Dios? A medida que siga leyendo, quiero darle una pequeña guía para su desarrollo como hombre de Dios:

Lea

El hombre de Dios lee. No tiene que leer mucho, pero tiene que ser persistente a fin de que no lo olvide todo. Confío que lea otros libros, incluyendo la *Biblia personal de todo hombre*. Procure leer en un lugar que esté lejos de una ruidosa televisión o de la distracción de la pantalla de una computadora. Leer en la sala de estar de su hogar enviará un mensaje claro a su familia de que usted no está satisfecho con lo que es hoy y que se está esforzando por ser un hombre de Dios. El lector diligente se empapa en la verdad y la vive a diario.

Renueve su compromiso

Confío que antes de que usted pase la última página de este libro usted va a reconsagrar su vida a Dios y a la vida que Él desea que lleve. Confío también que renovará su compromiso con su esposa e hijos o, si está soltero, renovará su compromiso con su familia y amigos.

Reconsagración significa que usted va a renunciar a algunos de sus derechos y liderar mediante el servicio. Quiere también decir eliminar esos pecados que le aplastan. En vez de tener una vida matrimonial y una vida sexual separada y secreta, necesitamos comprometernos a integrar todo lo que somos en todo lo que Dios desea que seamos.

Relaciónese

El hombre de Dios se relaciona con Dios, con su familia inmediata y otros hombres. El hombre de Dios cultiva relaciones en vez de permitir que algo se interponga entre ellas. Anda siempre buscando el crecer y profundizar en la intimidad de sus relaciones.

No creo que la mayoría de nosotros, los hombres, hagamos eso muy bien. Pienso que necesitamos reevaluar la anchura y profundidad de nuestras relaciones y trabajar para fortalecerlas como hombres de Dios.

EL LLAMAMIENTO
A LA INTEGRIDAD SEXUAL

Este libro es otro paso importante en la serie de libros Cada hombre. Nuestro primer libro, *La batalla de cada hombre*, lleva más de dos años en la lista de los éxitos de librería, y cientos de miles de hombres han respondido a su llamamiento de procurar la integridad sexual. Su «hermano menor» — *La batalla de cada hombre joven* — ha sido un éxito de librería (*bestseller*) desde el primer mes de su publicación, lo que ha constituido un emocionante desarrollo para mi coautor, Fred Stoeker, y para mí.

Fred y yo estamos igualmente satisfechos con la respuesta a nuestro tercer libro, *Every Man's Marriage* [*El matrimonio de cada hombre*], y cómo ha ayudado a las parejas casadas. *Every Man's Marriage* es la historia de cómo Fred lidió con el pecado que estaba bloqueando la intimidad con su esposa, Brenda, y cómo él se puso a trabajar para honrar su corazón y volver a relacionarse con ella en la forma más íntima posible. La más grande sorpresa ha sido el escuchar de parte de parejas que nos dicen que *Every Man's Marriage* les ha ayudado en gran manera en su vida sexual.

**Usted puede haber caído tanto que
quizá tenga ganas de quedarse en el suelo.**

Una vez que terminamos esos tres libros y fueron publicados, llegó el momento de expandir nuestro mensaje para alcanzar el corazón de los hombres y ayudarlos a crecer en carácter. Queríamos ayudar a cada hombre, sin importar dónde se encontraba en la escala de la madurez, a vivir más cerca del Señor. Con eso como nuestra meta, buscamos un compañero que no solo vive lo que dice sino que también trabaja muy de cerca en un ministerio de hombres, y ahí es donde entra en escena mi buen amigo Kenny Luck.

Kenny, a quien he conocido durante los últimos diez años, dirige una organización nacional llamada Every Man Ministries, que han surgido como resultado de su ministerio con los hombres en la Iglesia Saddleback en Lake Forest, California. Kenny es un ejemplo vivo de lo que es ser un hombre de Dios. Su carácter admirable y su familia maravillosa son dignos de aplauso, como lo son también sus esfuerzos por relacionarse con miles de hombres cada año en todo el país para orar con ellos y dirigirlos a estar más cerca de la luz de Dios. Kenny era la elección natural para ser el escritor líder de este libro. Él y yo hemos trabajado muy unidos en los conceptos esenciales que nos sentimos impulsados a transmitirle, pero la voz que va a escuchar a lo largo de este libro es la de Kenny. Se lo recomiendo muy sinceramente como un hombre conforme al corazón de Dios, un hombre especialmente dotado para ilustrar los principios bíblicos y prácticos del éxito, al usar experiencias reales tomadas de su propia vida y de la vida de los hombres con los que trabaja a diario.

Por supuesto, no sé cómo llegó este libro a sus manos. Si *Cada hombre, un hombre de Dios* es su primer libro en la serie Cada hombre, confío que se interese en dar un vistazo a los otros títulos mencionados. Si este no es su primer libro de la serie Cada hombre, entonces usted se merece alguna clase de recompensa por ser un lector asiduo y fiel. En cualquier caso, pido a Dios que use *Cada hombre, un hombre de Dios* para ayudarle a ocupar un lugar de honor y de respeto propio en todas las áreas de su vida.

1

¿Empantanado en la zona roja?

En los últimos años, yo (Kenny) he sido testigo de hombres que se han propuesto ser hombres de Dios gracias a Every Man Ministres. He encontrado que no se trata de pedir a los hombres que *hagan* más; sino de pedirles que *sean* más. No se trata de pedirles que sigan un plan o que respondan a una buena idea o a un reto. Tiene que ver con convencer a los hombres, en lo profundo de su ser, que merece la pena arriesgarse a ser un hombre de Dios. ¿Por qué es eso?

Hacer más pone al hombre en control.
Ser más pone a Dios en control.

Hacer más es un estilo seguro para los hombres.
Ser más es arriesgado.

Hacer más implica que hay un final para hacerlo.
Ser más es un proceso, fluido e impredecible.

Hacer más le permite al hombre elegir los cambios que necesita hacer.
Ser más le permite a Dios revelar los cambios que un hombre necesita hacer.

Hacer más requiere intentarlo con mayor esfuerzo.
Ser más depende de la capacitación humilde.

Hacer más engendra orgullo espiritual.
Ser más produce humildad por medio de la entrega.

Hacer más conlleva corrección de patrones de
comportamiento.
Ser más tiene que ver con conectarse con el carácter de Dios.

Hacer más tiene que ver con la persona pública.
Ser más se relaciona con el yo interno, el hombre que Dios
quiere alcanzar.

Así, pues, esto es lo esencial de este libro: El movimiento de
hombres de los últimos quince años ha estado retando a los
hombres a amar más, a decir más, a orar más, a leer más la Biblia, a disciplinarse más a sí mismos, a amar más a sus esposas,
y servir más a sus hijos. Los hombres han querido todas esas
cosas, pero la gran mayoría de ellos están fallando a largo
plazo. El movimiento de hombres les ha pedido a los varones
que hagan lo que sus corazones y caracteres no pueden cumplir.
El autor Dallas Willard lo expresó correctamente: Lo que
necesitamos es una renovación del corazón antes que una renovación del estilo de vida.

Yo sé que hubo un tiempo cuando necesité una renovación.
Hace unos diez años era como el cliente ideal de las compañías
de tarjetas de crédito: Suficientemente joven y tonto como para
creer que una pieza de plástico dorado «tenía sus ventajas» y me
conectaría con alguna fraternidad especial de la élite financiera.
Mi tarjeta de crédito satisfacía mi apetito de toda clase de «necesidades». Ropas, viajes de cumpleaños y aniversarios, cenas
en buenos restaurantes, todas eran razones inocuas que yo justificaba con suma facilidad. Los regalos de Navidad, mejoras de
la casa y reparaciones de mi llamativo auto deportivo extranjero

se convirtieron en parte de mi estilo de vida. Y cuando la realidad debería haberme golpeado en la cara para despertar, me llegaban misteriosamente ampliaciones de crédito.

El aumento de los gastos discrecionales de mi familia vino cuando nos trasladamos a California, en la década de facilidad y alegría de 1990. Empecé a ganar más dinero, pero también empecé a creer en mi racionalización en lo relacionado con mis finanzas. Confiaba en mis tarjetas de crédito más de lo que confiaba en Dios. Carecía, sin duda, de la fe para creer que si nosotros le entregábamos nuestro diezmo, Él haría que el otro 90 por ciento fuera suficiente para nuestras necesidades.

Hace unos diez años era como el cliente ideal de las compañías de tarjetas de crédito.

De modo que le daba menos a la iglesia y gastaba más en mí mismo. Rehusé negarle a mi familia cualquier deseo, incluyendo una buena casa en un barrio de categoría superior. Después de todo, yo tenía buen crédito. Ignoré las exhortaciones de mi esposa, Chrissy, de apretarnos el cinturón económico, lo cual aceleró nuestra peligrosa caída vertiginosa a la esclavitud financiera. Toda esa situación causó mucha agitación y ansiedad que permanecía invisible para los de fuera, pero era visible para los de casa e incendiaba verbalmente nuestro hogar y matrimonio cada fin de mes.

ESCLAVO DE LOS ACREEDORES

Una noche, después de una fuerte discusión con Chrissy por causa del desorden en nuestras finanzas, sucedió que abrí mi Biblia. Mis ojos se fijaron en las palabras: «El que toma prestado es siervo del que presta» (Proverbios 22:7). Nueve palabras que cayeron sobre mí como el impacto de nueve toneladas. Yo era un esclavo de… acreedores. También había esclavizado a mi familia debido a mi incapacidad de decirme no a mí mismo. Lo peor de todo es que la deficiencia de mi carácter había alejado a Dios del centro de mi vida y lo había remplazado con la ansiedad financiera. Yo sentí que eso era una forma de idolatría. Esa verdad me animó al arrepentimiento y a desear cambiar mi vida, lo cual le confesé a mi esposa.

También busqué la ayuda de varios amigos. No para que me ayudaran financieramente, sino para que oraran y nos aconsejaran por nuestra precaria situación económica. Puedo recordar que me eché a llorar en frente de algunos amigos íntimos después de revelarles que habíamos acumulado veinte mil dólares de deuda en las tarjetas de crédito. Estaba avergonzado en todos los sentidos, pero ya no me importaba. Estaba determinado a hacer todo lo que fuera necesario para ser sincero conmigo mismo y con el desorden que había creado. La única manera de lograr hacerlo era humillarme ante Dios, ante mi esposa y mis compañeros, y buscar el consejo y ayuda que tanto necesitaba. Nunca me había sentido tan humillado. Ya llevaba trece años como cristiano; durante cinco de esos años había servido como misionero recibiendo solo una parte de lo que ahora estaba ganando en mi empleo en California. Debería haber estado contento y libre de deudas, pero eso no había sucedido.

La solución de Dios había estado disponible todo el tiempo. Solo era cuestión de que yo confiara en su propuesta. Solo era cuestión de vivir dentro de mis recursos y ofrendar el primer diez por ciento a Dios. Oh, yo había oído a mi pastor decir una y otra vez que nosotros no podemos superarle a Dios en generosidad, y una parte de mi ser quería creer en eso. Sin embargo, como el joven rico del evangelio, me arriesgué, prefiriendo hacer las cosas a mi manera en vez de a la de Dios. Mostré una arrogancia asombrosa. No podía dejarla.

Por último, imposibilitado de seguir así por más tiempo, y sin ninguna solución mágica a la vista, la realidad cayó sobre nosotros.

Tenía que usar el auto de mi esposa para poder ir a trabajar, porque ese era el único que teníamos en condiciones de funcionar, pero eso dejó a mi esposa en apuros. La tensión en nuestro matrimonio era enorme y cuando al fin tuve el valor de ser sincero conmigo mismo, me rendí a Dios. Recuerdo que dije: «Señor, haré todo lo que sea necesario». Dicho sencillamente, si eso significaba vivir con un solo auto, pues así sea. Si eso quería decir ofrendar a la iglesia cuando parecía no tener sentido, lo haría. Si eso significaba someterme a un presupuesto mensual de austeridad durante dos años para poder salir de las deudas, eso es lo que haría.

La solución de Dios había estado disponible todo el tiempo. Solo era cuestión de que yo confiara en su propuesta.

Ese día, el último bastión importante cayó en las manos de Dios, y su victoria sirvió tanto para liberarme como para hacerme humilde. Aunque estaba inundado de deudas, me convertí en el más rico de todos los hombres porque, en lo profundo de mi ser, estaba comprometido a seguir en el camino de Dios.

¿Qué bastiones ha levantado usted en contra de la bondad y de la bendición de Dios en su vida? La mayoría de los hombres pueden mencionarlos en una fracción de segundo. Dios ya ha estado hablándoles, convenciéndoles de que sus prioridades están muy fuera de orden. El mensaje de Dios, y el mío, es que esos muros tienen que caer, por amor de su Reino. O para usar una analogía del fútbol (¿recuerda la ilustración de Steve?): Dios no está buscando un hombre de hombres para romper la línea del enemigo. Él está buscando un hombre de Dios que lleve el balón a la meta.

Yo no estaba siendo el hombre de Dios. Bajo el bombardeo de la presión financiera, mi carrera hacia la victoria en el reino de Dios quedó parada. En un tiempo de mi vida cuando debería haber estado corriendo y avanzando mucho en mi servicio a Él, había quedado empantanado en un barrizal financiero y había dejado caer la pelota.

Pero el tema de este libro no son las finanzas, sino el de quedar empantanado espiritualmente cuando nuestro ataque debiera estar en plena marcha para lograr puntuar para Él. Esta imagen me recuerda a otra franja de césped que me gusta mucho: El trecho verde de hierba conocida como la «zona roja» en el estadio Rose Bowl en Pasadena, California.

EN LA ZONA ROJA, ¿PERO ATASCADO?

Cada otoño, como las golondrinas que regresan a la Misión de San Juan de Capistrano, que no está lejos de nuestra casa en el sur de California, nuestra familia lleva a cabo el regreso al Rose Bowl, donde los Bruins de UCLA (Universidad de California en Los Angeles) juegan sus partidos en casa. A diferencia de mi compañero Steve Arterburn, coautor de este libro, me gusta el fútbol, pero quizá se deba a que no estaba tan loco como para meterme a jugarlo en la escuela secundaria. (En realidad a Steve le gusta el fútbol, lo que no le gusta es jugarlo.)

En cualquier caso, Chrissy y yo somos muy aficionados del equipo de UCLA, eso cabe esperarse pues los dos nos graduamos en esa universidad. Chrissy era una de esas bonitas animadoras deportivas, que vestían con suéteres blancos y faldas plisadas y sacudían pompones, en la década de 1980, cuando ambos estábamos estudiando allí.

En estos días nos gusta mucho llevar a nuestros tres hijos —Cara, Ryan y Jenna— a varios de los partidos cada otoño. Desde el comienzo del primer partido, siempre me siento en el borde de mi lugar en la tribuna cuando los Bruins logran llegar a la zona roja, esa parte del césped entre la línea de los veinte metros y la línea de gol. Todos saben que UCLA tiene una gran oportunidad de marcar cuando sus jugadores llegan a esta zona. Los atacantes están en plena ofensiva mientras que las defensas están metidas en un esfuerzo de vida o muerte para apoyar a los Bruins en su intento de marcar el gol. Como dice mi suegro: «Es un mano a mano en la ZR», y tiene razón. La zona roja tiene que ver con el deseo y el corazón de llegar hasta el final y marcar el gol.

Desde hace tiempo siento que la zona roja es una metáfora apropiada de nuestra peregrinación espiritual. Al principio, pensamos que estamos llevando la pelota por Dios, pero en realidad es más bien perder unos pocos metros aquí y ganar unos pocos allá. Sin embargo, al ir madurando espiritualmente y alcanzando la zona roja —donde podemos marcar en contra de Satanás y a favor del reino de Dios— con demasiada frecuencia fallamos en llevar la pelota hasta el final y marcar. Por una razón o por otra, nunca nos ponemos en ese plan de ataque total. En mi caso, las finanzas me empantanaron. Pero hay una serie de razones que explican por qué sucede esto: Nos desenfocamos, Satanás nos mantiene bien ocupados, caemos en pecado, o carecemos de la experiencia para hacer la llamada correcta en un dominio muy disputado de nuestras vidas.

Usted no quiere verse en una ofensiva apresurada cuando se encuentra en la zona roja. Pero con demasiada frecuencia vivimos con prisa y apuro, nos olvidamos de leer la Palabra de Dios o de invertir en las relaciones con otros hombres cristianos u ofrecernos de voluntarios en la obra de Dios. Para muchos hombres, esta falta de tiempo es la razón principal para permanecer desconectados. Un hombre en la iglesia donde enseño un estudio bíblico para hombres habló en nombre de miles de otros cuando dijo: «¡Siempre estoy llegando tarde! Me despierto tarde, salgo tarde de casa, llego un poco tarde al trabajo, muy tarde si se forman atascos de tráfico. Parece que no tengo un buen orden de prioridades para mi tiempo».

En el fútbol, una carga defensiva tiene la intención de distraer y desbaratar la ofensiva de los contrarios. En la vida, Satanás está causando estas distracciones espirituales en cada uno de nosotros.

«Haz que tengan prisa» es una de sus tácticas más eficaces para los hombres en la zona roja. O puede atacar nuestros pensamientos dejando que nos empantanemos en el barrizal de la sensualidad. Cueste lo que cueste, nos va a atacar con cualquier comportamiento o distracción que nos limite a no ganar terreno en el campo o al equivalente de goles de campo espirituales en vez de un touchdown.

¿Qué podemos hacer acerca de eso?

Como suelen hacer los buenos equipos de fútbol, debemos leer las intenciones del contrario y hacer los ajustes necesarios. Exploraremos algunos ajustes en las páginas siguientes. Sepa que yo he quedado atascado más de una vez en la zona roja. Sé que no he sido justo en mi relación con Chrissy y los niños debido a que he vivido en un estado de constante prisa. Lo que es más importante, he dejado caer el balón de la intimidad con Dios al elegir hacer las cosas a mi manera en vez de hacer los ajustes necesarios conforme a los dones y la capacitación que Él me ha dado.

Cada hombre, un hombre de Dios le ayudará a usted a tomar mejores decisiones cuando se sienta atacado por todos lados. Aprenderá a completar su camino hacia la madurez espiritual y sentirse realizado en su comunión con Dios. Para cuando termine de leer este libro, se sentirá capacitado para manejar todas las maquinaciones que Satanás y otros pongan en su camino. Será capaz de completar la misión para la cual Dios le ha capacitado: Poseer un corazón que le pertenece completamente a Él.

Demasiados hombres no se entregan por completo a ser el hombre de Dios. Eso es como ir «tres jugadas y fuera» en un partido de fútbol.

Empecé *Every Man Ministries* (Ministerio de Cada Hombre) en 1999 para ayudar a otros hombres en su caminar espiritual y edificar mejores matrimonios y familias más fuertes. Ese proyecto me ha llevado a todas partes del país, donde he hablado ante miles de hombres en varias conferencias para hombres. Cuando estoy en casa en el sur de California, me siento cada semana con unos cien hombres para estudiar la Palabra de Dios, lo cual con frecuencia resulta en numerosas sesiones de consejería. La oportunidad de ser un oído que escucha, ofrecer consejo y orar con estos hombres ha sido un asombroso privilegio. Como un pastor amigo lo expresó una vez: «Si usted alcanza a un hombre, también alcanza cada una de las relaciones que él tiene».

Todas estas experiencias de hombre a hombre me han convencido de que demasiados hombres no se entregan por completo a ser el hombre de Dios. Eso es como ir tres jugadas y fuera en un partido de fútbol americano; hacen tres intentos deslucidos de correr o de pasar la pelota, y entonces le dan un puntapié a su oportunidad.

REGRESE AL MODO DE LA ZONA ROJA

Quiero que usted regrese al partido y avance con la pelota por el campo, penetre en la zona roja y llegue a marcar el gol, y disfrute de una mayor intimidad con Dios al conectarse con su plan y propósitos para su futuro. La meta de Dios es cumplir la obra en usted —hacer que llegue a la zona roja y salte de gozo— «que el que comenzó en vosotros la buena obra, la perfeccionará hasta el día de Jesucristo» (Filipenses 1:6).

Así que déjeme decirle a dónde vamos con este libro. Puede que sea consciente de que *Cada hombre, un hombre de Dios* es parte de una serie que incluye *La batalla de cada hombre*, *La batalla de cada hombre joven* y *Every Man's Marriage* [*El matrimonio de cada hombre*]. Esos tres son lo que yo llamo libros tácticos, llenos de estrategias, planes y perspectivas que ayudan a los hombres a vencer las tentaciones, crecer en integridad sexual y disfrutar de una mayor intimidad con sus esposas. Este libro es diferente. Vamos a acercarnos a usted para caminar juntos y hablar acerca de lo que vemos a lo largo del camino para llegar a ser un hombre de Dios.

Eso no es tan fácil como parece. Resulta fácil ser franco con un hombre cuando está hablando acerca de su pene o de su esposa. Un hombre está vinculado con ambas cosas. Pero para la mayoría de los hombres, Dios no tiene esa misma clase de proximidad. Los hombres, en general, no son espiritualmente profundos y no poseen la misma conexión con los asuntos espirituales como la tienen con los temas sexuales y maritales.

Las conexiones automáticas con las verdades espirituales no son tan fáciles de conseguir. Por lo general requiere que alguien que usted respeta penetre en su espacio y le diga la plena verdad sin endulzarla. Nuestra meta en *Cada hombre, hombre de Dios* es identificar lo que Dios le está diciendo a usted específicamente en formas que le permitan comprenderlo y regresar a un modo de la zona roja que le impulse hacia delante con entusiasmo y gozo en el Señor. En los siguientes capítulos, usted aprenderá acerca de:

- Los beneficios personales de tener un corazón íntegro para con Dios.
- Cómo dejar de resolverse a cambiar y en su lugar experimentar una revolución interna.
- Cómo atacar el temor y remplazarlo con la fe.
- Cómo no hay tal cosa como un creyente «agente doble» porque un agente está siempre en componendas.
- Cómo lidiar con el «espía» que tenemos dentro, que nos empuja a satisfacer el lado oscuro.
- Cómo el ganar o perder un apoyo firme espiritual cambia el curso de la guerra.
- Cómo y por qué el pensamiento «80/20» falla; es decir, hacer cosas el 80 por ciento a la manera de Dios y el 20 por ciento a la nuestra.

- La importancia de «adobar» su mente.
- Por qué el tener a otros hombres que vigilen su espalda no es negociable para el hombre de Dios.
- Cómo la confesión desata el poder de Dios y deja al enemigo con la nariz sangrando.
- Cómo asociarse eficaz y prácticamente con su Guía, el Espíritu de Dios.
- La fuente del verdadero poder espiritual y cómo usarlo.
- Por qué la perseverancia es la marca del hombre de Dios.
- El propósito de edificar y mantenerse dentro de ellos.
- La necesidad de deshacerse del bagaje de su vida.
- Dominar su motivación espiritual de una vez y para siempre.

Así, pues, aquí tiene una descripción básica de la distancia que tiene por delante. A lo largo del camino, le iré contando experiencias personales (excepto estas historias de fútbol en Texas, Steve no tiene nada mejor que yo) y relatarle experiencias humorísticas, interesantes, conmovedoras y tristes de hombres con los que me he reunido y he aconsejado a lo largo de años de ministerio. (He usado seudónimos para proteger tanto a los culpables como a los inocentes).

Al ir leyendo acerca de estos compañeros de viaje, se verá a sí mismo asentir con la cabeza, porque todos nos podemos identificar con sus flaquezas y fortunas. Podemos identificarnos con ellos.

Así, pues, ¿está listo para empezar?

Estupendo, porque creo que el árbitro principal ya ha tocado el silbato indicando el comienzo del partido.

2

Nuestros corazones divididos

La serie de personajes animados de Walt Disney son muy conocidos, e incluso, me atrevo a decir, están fundidos con nuestra niñez y psique de adultos. El favorito de siempre en nuestro hogar (así como el de más éxito taquillero para Disney) es *El Rey León*. He visto muchísimas veces esta historia de Simba, el cachorro león que sería rey. Pero no fue hasta hace unos pocos años que me di cuenta del tema poderoso que hay en esta historia. Es un tema que ilustra muy bien mi peregrinación espiritual y mis batallas, y quizá las suyas también.

Simba, el cachorro que le nació al rey león llamado Mufasa, se deleita en su identidad y las posibilidades futuras de la realeza. Como dice la canción: «¡Qué ganas de ser rey!». Pero cuando su envidioso tío Scar trama la muerte de Mufasa y le echa la culpa a Simba, engaña también al joven león y le convence de que debe abandonar el reino y nunca más volver. En el exilio, solo y avergonzado, se hace amigo de Pumba, un magnánimo jabalí, y del maniático suricata Timón. Simba encuentra una nueva familia y un nuevo hogar, y una nueva forma de pensar, todo lo cual le ayuda a ocultar su pasado y su verdadera identidad.

Pero mientras que Simba va montando todos los elementos de una nueva identidad, su verdadero yo le persigue, propiciando profundos conflictos dentro de su corazón. En un momento incómodo, pero significativo, él niega a su padre, y al darle la espalda,

Simba niega su verdadera identidad. El enigma le carcome por dentro hasta que se encuentra con un mandril sabio, semejante a un profeta, llamado Rafiki:

Simba: Deja de seguirme. ¿Quién eres tú?
Rafiki: No, ¿quién eres *tú*?
Simba: Yo pensaba que lo sabía, pero ahora no estoy tan seguro.
Rafiki: Yo sé quién eres.
Simba: Pienso que tú estás un poco confundido.
Rafiki: ¡No! Yo no soy el que está confundido. Tú ni siquiera sabes quién eres.
Simba: (Alejándose). Oh, ¿y tú sabes quién soy?
Rafiki: ¡Eres el hijo de Mufasa!

El tocadiscos de Simba ha sido desconectado. Deseoso, pero a la vez temeroso, de reclamar su identidad, Simba sigue a Rafiki a través de una jungla oscura que le lleva al borde de un charco de agua. Allí Rafiki ayuda a Simba a que se mire y se vea bien reflejado en el agua. Al tiempo que el joven, pero ya crecido, león ve su propia reflexión en el agua, ve cómo el rostro de su padre, Mufasa, se sobrepone sobre su imagen.

«Ves... él vive dentro de ti», le dijo Rafiki con gran sabiduría.

Es en este momento crucial que el padre de Simba aparece en una nube y le habla a su hijo para ayudarle en su confusión.

Mufasa: ¡Simba!
Simba: ¿Padre?
Mufasa: Simba, te has olvidado de mí.
Simba: No, ¿cómo podría yo hacerlo?
Mufasa: Te has olvidado de quién eres y de esa forma te has olvidado de mí. Mira dentro de ti mismo, Simba. Eres mucho más de lo que has llegado a ser.

Mufasa expresa con precisión el sentimiento general que invade a muchos hombres cristianos: Somos mucho más de lo que hemos llegado a ser. Nosotros también estamos atrapados entre lealtades divididas e identidades que compiten en nosotros —verdaderas y falsas— que nos causan conflicto y angustia. Como Simba, ya ha pasado nuestro tiempo para hablar porque Dios ha terminado de escuchar las razones de por qué no podemos seguir adelante. Tenemos que enfrentar nuestro corazón dividido, o como expresa el Salmo 86:11: «Unifica mi corazón para que tema tu nombre» (La Biblia de las Américas).

¿Está dejando que el temor le limite?

Cuando Rafiki y Mufasa se encararon con Simba, dispararon un misil guiado por láser al corazón de Simba a fin de que pudiera cumplir con su llamamiento. ¿Qué otra cosa podía él haber esperado para demostrar el valor necesario para superar su temor de cambiar? Había que despertar y poner en acción su verdadera identidad. No podía haber más un corazón dividido.

Dios está buscando al hombre que no va a tener temor de identificarse con Él.

Para ir más allá del entusiasmo de la adolescencia y entrar en una experiencia más profunda con Dios, es necesario contar con un corazón que no está dividido. Eso quiere decir que hay que responder a algunas preguntas directas con una sinceridad sin titubeos:

• ¿Quién soy yo?
• ¿Qué es lo que va a haber en el centro de mi vida?
• ¿Dónde va a estar mi lealtad?

Dios está buscando al hombre que sabe quién es y no va a tener temor de identificarse con Él. El León de la tribu de Judá, como es llamado en el Antiguo Testamento, busca hijos que tengan corazón de león.

Porque los ojos de Jehová contemplan toda la tierra, para mostrar su poder a favor de los que tienen corazón perfecto para con él. (2 Crónicas 16:9)

¿Cuál es su identidad en Cristo? Antes de tomar ninguna otra decisión en su vida, usted necesita ser consciente de esa identidad, y que eso sea algo fuerte, así como los ganadores de las medallas de oro en la Olimpiadas saben que ellos van a ser identificados para siempre como medallistas de oro olímpicos. Eso explica por qué esos fabulosos atletas dedican años y años de entrenamiento para una carrera de diez segundos, un ejercicio gimnástico de dos minutos, o un programa de patinaje artístico de cinco minutos. Lo que son y lo que quieren llegar a ser estimula su deseo de sacrificarse en el entrenamiento. Esa es la razón por la que un hombre practicará toda su vida para perfeccionar el arte de tocar el violín, sabiendo que un día quizá podrá sentarse junto con otros violinistas en un concierto de clase mundial y tocar una partitura que fue escrita por alguien hace varios siglos. Ser un violinista es su identidad.

Intuitivamente sabemos que para llevar a cabo algo a un nivel de clase mundial no podemos tener un corazón dividido en nuestra dedicación. Y, no obstante, cuantos más hombres aconsejamos, tanto más descubrimos que muchos de ellos, que entienden bien lo que se requiere para tener éxito en los deportes, en los negocios o en las artes, se sienten perfectamente contentos con ir por la vida con resultados espirituales marginales o mediocres.

¿Por qué? Por causa del temor.

Temerosos de pagar el precio de su compromiso con Cristo, los hombres tienden a limitarse a sí mismos a una seudoidentidad que hace que quede ausente la verdadera influencia de Él. A medio cocer, tibios, y sin una plena identificación en Cristo, estos hombres consiguen muy poco de su relación con Dios. Son unos flojos y al final mostrarán falta de integridad espiritual.

Estamos aquí para recordarles que la integridad espiritual en el momento es una extensión y reflexión del verdadero compromiso de su corazón. Del mismo modo que los dos elementos clave para el éxito en los deportes son el tiempo y el entrenamiento, la clave de una integridad espiritual viva y activa es que su compromiso espiritual se vea probado una y otra vez, lo cual lleva al desarrollo de la confianza espiritual. En el primer libro de Crónicas, el veterano más probado de Israel, un hombre llamado David, dijo: «Yo sé, Dios mío que tú escudriñas los corazones, y que la rectitud te agrada» (29:17). Dios va a probar una y otra vez nuestro compromiso espiritual para que se revele lo que hay allí. Nos probará dándonos oportunidades reales en la vida para que desarrollemos una coherencia práctica, y le agrada cuando le escogemos a Él. *La meta es escoger a Dios de forma consistente cuando estamos bajo presión y de ese modo, desarrollar integridad espiritual.*

Para llevar a cabo algo a un nivel de clase mundial no podemos tener un corazón dividido en nuestra dedicación.

Por ejemplo, en ninguna parte es más evidente su nivel de compromiso con Cristo que en el área de la tentación sexual, como aprendí más tarde en la vida. Crecí siendo el hijo de un alcohólico, lo que significa que mi padre había formado una relación muy estrecha con varios propietarios de tiendas de ventas de licores en el pueblo. Esa relación ayudó para que yo consiguiera mi primer trabajo a los trece años en la tienda *Oak Tree Liquors*, y consistía en empaquetar hielo y amontonarlo en el congelador los domingos. Al hacerme mayor la tarea conllevaba también abrir y cerrar la tienda los domingos. Con la excepción de «los compradores de cerveza durante el descanso después del segundo cuarto de los juegos de fútbol americano», los domingos no había mucha venta y disponía de mucho tiempo para mí. Piense en eso por un momento: Yo era un adolescente aburrido que trabajaba cerca de una estantería llena de revistas para adultos. No pasó mucho tiempo sin que yo me entretuviera mirando esas revistas de pornografía suave.

Han pasado ya veinte años, y ahora estoy casado y tengo tres hijos. Voy al cuarto de baño de nuestro dormitorio matrimonial, donde mi esposa ha dejado una revista de ejercicios para mujeres llena de fotos vívidas de hermosas mujeres atléticas vestidas con brasieres deportivos y calzones cortos de lycra. ¿Qué va a hacer un hombre como yo? Tengo tiempo y dispongo de privacidad. *Esto es una prueba*, oigo que Dios me dice con fuerza en mi conciencia.

La diferencia en mi vida hoy es que libros como *La batalla de cada hombre* me han enseñado a responder a esta prueba en particular, terminando cuanto antes con mis necesidades en el baño, volviendo con diligencia a mi trabajo y después con gran respeto y amabilidad indicándole a mi esposa que no vuelva a dejar esa clase de revistas en los lugares donde yo pueda verlas.

¿Está usted comprometido al proceso de prueba y capacitación de Dios? ¿O está todavía temeroso de comprometerse? Con cada prueba viene la posibilidad de la victoria, y con cada nueva victoria viene una medida creciente de dominio propio, confianza e integridad espiritual.

BUSQUE LA RECOMPENSA DE LA INTEGRIDAD ESPIRITUAL

Para mí, cada día trae nuevas pruebas del corazón y nuevas oportunidades para mostrar que no estoy dividido en lo que creo y cómo quiero vivir. ¿Cómo le va a usted?

Durante un descanso en una conferencia de hombres, uno de los participantes se acercó a mí, nos estrechamos la mano y me hizo una pregunta buena y egoísta:

«Así que, ¿cuál es la recompensa»?

«Libertad» respondí.

El rey Salomón lo explicó de otra manera: «El que camina en integridad anda confiado» (Proverbios 10:9). Para el hombre de Dios, la recompensa es caminar con Dios seguro y confiado. Con una lealtad sin divisiones, sus decisiones son claras. Cuando no hay duplicidad, no tiene resacas de carácter. Cuando se encuentra lejos en viajes de negocios, es la misma persona que vemos en su hogar. Es la misma persona el viernes y el sábado por la noche que el domingo por la mañana. Es un padre que dice lo que hace y hace lo que dice. Es un esposo en el que su esposa puede confiar y seguir.

El hombre de Dios se ha movido más allá de la recompensa del placer inmediato. ¡Imagínelo! Va a reemplazar la sensación agradable por la sensación de estar bien. Cuando usted se siente bien en su interior acerca de sí mismo, no importa cuáles sean las circunstancias o los estados de ánimo, se siente contento y relacionado con Dios, con su familia y con su propósito como hombre de Dios. Eso es seguridad sin estrés.

Nuestro rey sabio también señaló que «la integridad de los rectos los encaminará» (Proverbios 11:3). Esto quiere decir que si usted no está dividido interiormente en su corazón o carácter, las voces que representan lealtades competitivas quedarán silenciadas. En vez de eso, su enfoque espiritual le proveerá de orientación y directrices claras. Su intuición se verá guiada por sus compromisos espirituales hasta el punto en que la toma de buenas decisiones se convertirá en una segunda naturaleza.

Cada día trae nuevas pruebas del corazón.

Hubo un tiempo en el que era duro para mí tomar decisiones que Dios nunca quiso que fueran difíciles: Poner a Chrissy primero. Dedicar tiempo a mi familia. Ofrendar a la iglesia. Límites con el alcohol. Total apertura en mi matrimonio. Hacer que Dios fuera mi primera cita en el día. Compartir el amor de Dios con las personas que Él ponía en mi camino. Pero entonces un corazón recto e íntegro para con Dios trajo libertad a mi vida, y estas elecciones ya no resultan difíciles.

Eso también me trajo algo más que es importante: Una actitud firme. Un corazón no dividido eclipsa el temor. Si queremos anotar muchos puntos para Dios, debemos tener algo más que un corazón no dividido. Debemos tener también firmeza.

No jugar más para la multitud

Cuando me hice cristiano, no me preocupaba para nada lo que la gente pensara acerca de mi fe en Cristo. Quedé tan contento con la idea de ir al cielo que no podía entender por qué otros no querían saber de Cristo. Estaba tan entusiasmado con la idea de dar a conocer a otros mi fe que incluso practicaba enfrente del espejo de mi cuarto de baño. Sin embargo, una vez que empecé, los rechazos empezaron a llegar. Algunos amigos me abandonaron. Otros se burlaban de mí a mi espalda. Otros me dijeron que los dejara en paz; no estaban interesados.

Pasé de ser el que alegraba la fiesta a ser el marginado social. Recuerdo que una vez me encontraba en la casa de un amigo de la escuela un sábado por la noche, y algunos de ellos estaban bebiendo en el patio. Cuando una chica de mi clase había tomado demasiado, me ofrecí de voluntario para llevarla a casa en mi auto, pero entonces uno de los jugadores del equipo de baloncesto se inclinó hacia mí y dijo: «¿Va ella a regresar nacida de nuevo?». Y entonces él y todos sus amigotes se rieron un buen rato a expensas de mi ego espiritual.

Me sentí muy rechazado aquella noche. De hecho incidentes como ese me llevaron a cuestionar mi valor personal. Otras dudas también aparecieron, lo que me llevó a temer lo que otras personas pensaban de mí. Puedo recordar que me inventaba o hacía pequeñas cosas que daban una impresión diferente de mí, todo con la intención de ganar la aprobación de mis amigos. Si alguno de ellos me preguntaba cómo iban mis planes universitarios, o luego si un supervisor me preguntaba cómo iba un determinado proyecto en el trabajo, yo hacía aparecer las cosas mejores de lo que en realidad eran.

Cuando estaban a punto de ganarme con sus números o retórica superior, aprendí a desviar la discusión lejos de mi fe. Hacía todo lo que fuera necesario para evitar la posibilidad del rechazo. Deseaba mucho la aprobación de los demás, ignorando en ese tiempo que mi comportamiento estaba en verdad evitando que yo creciera como hombre de Dios.

El precio que pagué fue en mi corazón y carácter. Cada vez que actuaba para las personas, atrofiaba mi crecimiento cristiano. Aun hoy sigo asombrado de cuánta influencia tenían las personas sobre mis acciones. ¿Debería llevar a los demás a pensar que la situación en el trabajo era estupenda o admitir que no iba bien? ¿Me debía unir a una conversación en la que se criticaba a alguien o debería defender a aquella persona y animar a mis amigos que no hablaran así de ella? ¿Debiera aprovechar la oportunidad que Dios había abierto y hablar a las personas de cómo Cristo había cambiado mi vida o sería mejor decir algo como: «Bueno, gracias por contarme eso»?

Una vez que me encontraba enseñando una clase sobre cómo compartir la fe, dije: «Levante su mano si el temor al rechazo es su razón principal para no compartir su fe». De los ochenta hombres en aquella clase, casi todos levantaron su mano. ¿Por qué? Nuestros corazones están divididos. No tenemos firmeza. Terminamos actuando para la gente.

No obstante, Dios nunca quiso que nosotros viviéramos en esa clase de temor por la simple razón de que *el hombre de Dios vive solo para una audiencia de Uno.*

El temor del hombre pondrá lazo; mas el que confía en Jehová será exaltado. Muchos buscan el favor del príncipe; mas de Jehová viene el juicio de cada uno. (Proverbios 29:25-26)

Realidad: Si Dios es el único que mide nuestra vida, estamos libres para vivir para Dios sin excusas ni reservas. Ese es el momento cuando nos sentimos más como Jesús.

Nuestro modelo de funcionamiento

¿Y por qué no? Jesús es el ejemplo perfecto del corazón sin división, nuestro modelo para imitar. De su corazón sin divisiones fluyeron las aguas profundas de la convicción y de la integridad espiritual, lo cual fomentó y alimentó el crecimiento de la espina dorsal más fuerte de la historia. Los que criticaban a Jesús no pudieron hacer que cediera y por último tuvieron que admitir:

Maestro, sabemos que eres hombre veraz, *y que no te cuidas de nadie; porque no miras la apariencia de los hombres*, sino que con verdad enseñas el camino de Dios. (Marcos 12:14)

Durante tres años estuvieron observando como vivía Cristo y jamás lo vieron huir o ceder. Le vieron con frecuencia partir el pan con pecadores. Una y otra vez le vieron romper las reglas de la religión cuando el amor y la compasión lo demandaban; dejó frustrados a sus acusadores cuando encontraba una equivocada espiritualidad. No se le veía intimidado por personajes de aparente autoridad. No se dejaba llevar por la opinión pública o por las presiones de las autoridades. No cedía para nada.

No hay hombre de apariencia más triste o lamentable que aquel que tiene corazón, pero carece de firmeza.

Brennan Manning, uno de mis autores favoritos, lo expresó de esta manera: «Su hacer y su ser, como su divinidad y humanidad, eran una». Su identidad en su Padre estaba formada en su corazón en una forma tal que el mundo vio a un hombre real. Un hombre que era libre para amar, ayudar, sanar, servir, enseñar, enfrentar y relacionarse radicalmente con las personas. Lo que es más importante para los varones, Cristo Jesús es el modelo de cómo liberarse a sí mismo completamente para los propósitos de Dios frente al sufrimiento personal, que es la verdadera prueba del corazón humano.

En la noche antes de que Él muriera, Jesús tomó a Pedro, Jacobo y Juan con Él cuando estaba profundamente angustiado acerca de su situación. «Mi alma está muy triste, hasta la muerte», les dijo a sus amigos. Mientras que ellos se quedaron dormidos, Él cayó de rodillas diciendo en oración que si era posible, que la inevitable cruz fuera de alguna forma alterada:

> Y decía: Abba, Padre, todas las cosas son posibles para ti; aparta de mí esta copa; mas no lo que yo quiero, sino lo que tú. (Marcos 14:36)

Jesús sabía lo que iba a suceder, y su lado humano quería una salida. Fue sincero y verdadero. Pero en vez de anhelar por una forma de escapar, se entregó por completo al propósito de Dios para Él y nos dio el ejemplo a todos de una lealtad no dividida. Unos pocos segundos antes de que lo arrestaran, dijo a sus amigos: «Levantaos, vamos» (Marcos 14:42). Aceptó incondicionalmente el propósito de Dios y se puso en marcha para cumplirlo: Sufrir por nuestros pecados y comprar nuestra entrada al cielo.

En aquella noche oscura, lo más importante que Jesús podía habernos jamás enseñado era cómo entregar completamente nuestro corazón a Dios. Y eso es lo que hizo. Pero Él también afirmó su determinación. Esa férrea determinación viene de una confianza no dividida en aquel que nos da un corazón de integridad y rectitud. No hay hombre de apariencia más triste o lamentable que aquel que tiene corazón, pero carece de firmeza.

Y ALGUIEN COMPLETAMENTE HUMANO

Y hay otro modelo para nosotros, uno completamente humano, que nosotros podemos seguir: Caleb. Este hombre joven tenía una firmeza que se equiparaba a su gran corazón. Para los propósitos de Dios, eso marcó la diferencia. Cuando los israelitas, después de salir de Egipto, fueron dirigidos por Dios para cruzar el Jordán y posesionarse de la tierra prometida, enviaron espías para explorar la tierra. Los amigos de Caleb regresaron de su misión creyendo que la tierra a la cual Dios les invitaba a entrar no la podían conquistar. Había demasiados obstáculos, demasiados peligros, exigía demasiados sacrificios y un gran costo, y había demasiados gigantes en aquella tierra. El temor los paralizó al entrar ellos a la zona roja. En vez de 11 defensores, a los amigos de Caleb les pareció que eran 111.

Pero Caleb, el hombre con un corazón sin divisiones y que tenía una gran firmeza, vio la situación de forma diferente. Él no minimizó o se olvidó de las dificultades, pero creyó que todo lo que tenían por delante (personas y obstáculos) no era equivalente a la soberanía de Dios. Animó a los demás israelitas a que creyeran en la promesa de Dios y se comprometieran con Él.

Lamentablemente el pueblo se dejó llevar por la opinión de la mayoría de los espías, y como resultado, Dios los condenó a peregrinar por el desierto durante cuarenta años. Por su fidelidad, Caleb fue uno de solo dos hombres de esa generación que entraron a la tierra prometida... porque una cualidad los separó de los demás:

Pero a mi siervo Caleb, por cuanto hubo en él otro espíritu, y decidió ir en pos de mí, yo le meteré en la tierra donde entró, y su descendencia la tendrá en posesión. (Números 14:24)

Caleb encontró el nuevo lugar que Dios le había llamado a heredar. El lugar de la libertad. El lugar de la esperanza. Él estaba completamente comprometido y confió plenamente.

Dios le está llamando a usted a un nuevo lugar. Este nuevo lugar puede ser conquistado. Todo es cuestión de tener corazón y firmeza.

3

¿Qué escogemos: carácter o comodidad?

En un retiro para hombres, mi iglesia hizo una encuesta a 550 hombres con la siguiente pregunta: ¿Qué le lleva a usted a dejar de relacionarse con Dios de una forma continua, habitual o fatal?

Más del noventa por ciento de los hombres indicaron (de forma anónima) que la lujuria, la pornografía y las fantasías sexuales eran las razones principales de su desconexión espiritual. Muchos hombres aprovecharon la oportunidad de que la encuesta era anónima para revelar su participación en infidelidades amorosas, su adicción compulsiva a la pornografía y las luchas internas que plagaban sus conciencias y agotaban sus espíritus. Nos espantó saber que más de cincuenta hombres en el retiro confesaron que estaban cometiendo —o habían cometido— adulterio. Igualmente sorprendente fue el hecho de que la mayoría de los hombres estaban sirviendo en posiciones clave en sus iglesias. Uno de los hombres contó una experiencia familiar:

> Yo sé que no es correcto. Yo sé que no debo hacer, decir, o ver eso. Pero a pesar de lo mal que me siento, lo hago. Siempre me digo que empezaré una nueva vida mañana. Solo un día más, y el lunes comenzaré de nuevo. Puedo cambiar, pero será luego.

Intelectual y mentalmente este hombre conoce las normas de Dios para ese tipo de comportamiento. Sin embargo, en la práctica y en su experiencia la erosión de su carácter ha resultado en que no puede detener esta avalancha de fracaso.

Esta lucha no está limitada a las bancas del templo; también existe al frente de la iglesia. La reciente crisis de abusos sexuales entre los sacerdotes de la Iglesia Católica es un ejemplo evidente, pero hay otros muchos problemas entre los que nunca nos atreveríamos a abusar sexualmente de un niño. Cuando el pastor Rick Warren hizo una encuesta entre un buen número de pastores, más del treinta por ciento confesaron que habían entrado a un lugar pornográfico de la Internet en los últimos treinta días. Casi una tercera parte de los pastores están involucrados en pornografía de la Internet, y eso no tiene en cuenta las revistas, los videos y otras formas de placer sexual que se usan fuera de la cama matrimonial.

¿Qué quiero decir? Que usted no está solo cuando confiesa que tiene algo menos que integridad sexual.

Derek, por ejemplo, conocía las normas de Dios pero empezó a mantener la mentira de sus relaciones con otras mujeres que no eran su esposa. No era lo que hizo al principio, sino lo que *permitió*. Derek se permitió cultivar amistades íntimas con compañeras de trabajo. Disfrutaba de su camaradería y apreciaba sus elogios. Eso le llevó a enviar unas pocas indicaciones no muy inocentes que más tarde llegaron a causarle problemas.

Entonces vino una fiesta de Navidad para los empleados. La esposa de Derek pudo observar de primera mano los vínculos que él había formado con varias mujeres en la oficina. Se comportaron como si incluso ella no estuviera presente —por la manera en que hablaban con él y le ponían la mano en el hombro. Derek aparentó sentirse mal por aquello y adoptó un tono de excusa. No estaba sucediendo nada, ¿no es cierto? Él no se había pasado de la raya físicamente, de manera que aquello era un comportamiento aceptable para un hombre casado, padre de tres hijos.

La esposa no estaba dispuesta a tolerarlo. En realidad, le dio los elementos que necesitaba para tender su propia emboscada y preparar su subsiguiente alejamiento matrimonial. Ella le habló claramente de sus sospechas, sacó las conclusiones necesarias para justificar sus acciones y luego fríamente le anunció que quería la separación. Al cabo de un año estaban divorciados. Una bella familia cristiana se deshizo a causa de un esposo y padre que había permitido lenta, pero deliberadamente, que una pequeña mentira viviera y creciera en su corazón.

El padre sabio de Proverbios implora a su hijo: «Sobre toda cosa guardada, guarda tu corazón; porque de él mana la vida» (Proverbios 4:23). Pero Derek pensó que él podía manejar bien un pasatiempo inocente. He descubierto que esta mentalidad cancerosa está muy extendida.

Hombres, nosotros debemos estar en guardia y revisar con diligencia todo lo que permitimos que pase a nuestro corazón para consumirlo. De no hacerlo así, el círculo completo de la buena intención, el fracaso y la culpa se repite una y otra vez hasta que ocurre un suceso final y doloroso que lleva a la ruina. Los grandes asuntos que afectan nuestra salud espiritual y relaciones requieren algo más que solo abstenerse de ciertos comportamientos o palabras. Es un asunto del corazón, de la mente y del alma.

¿MANTENER SOLO LAS APARIENCIAS?

Cuando me hice cristiano en 1982, encontré que era relativamente fácil montar la apariencia de un comprometido seguidor de Cristo. Mi tiempo como hijo de un marinero y mi enfoque adolescente en las apariencias me habían enseñado cómo formar una nueva imagen. En mi libro de graduación de la escuela secundaria aparezco en una foto sosteniendo una jarra de cerveza, con una pantalla de lámpara como sombrero y con un disfraz de la nariz y lentes de Groucho Marx. La inscripción al pie dice: *La alegría de la fiesta, Kenny Luck*. Ese era yo, cierto, pero la inscripción tenía que haber dicho: *Premio al mejor actor*. La realidad es que yo estaba representando un papel para estar a la cabeza de la lista de «Los que gustan más». Aprendí que si podía hacer reír a las personas, yo les caería bien... al menos por un tiempo.

Desde entonces he aprendido que todos los hombres son buenos en eso de crear y formar imágenes. Nuestra tendencia a ser individuos decididos, orientados a la tarea, emocionalmente compartimentados, supercompetitivos, de causa y efecto, enfocados a la solución de problemas hace que eso sea casi inevitable. Creemos de verdad en nosotros cuando decimos: «Yo puedo hacer eso». No es fácil usar las necesarias apariencias, equipos, accesorios e imágenes de forma que podemos proyectar nuestra acción a la audiencia que nos contempla.

Yo estaba representando un papel para estar a la cabeza de la lista de «Los que gustan más».

Cuando me convertí en un creyente de Cristo, la observación intuitiva de cómo actuaban otros cristianos me trajo el mensaje de que necesitaba leer la Biblia, y no solo un poco sino muchas páginas. Lo que es más importante, tenía que ser capaz de citarla. Algunos de los versículos bíblicos que procuré memorizar fueron:

Porque de tal manera amó Dios al mundo, que ha dado a su Hijo unigénito, para que todo aquel que en él cree, no se pierda, mas tenga vida eterna. (Juan 3:16)

Respondió Jesús y le dijo: De cierto, de cierto te digo, que el que no naciere de nuevo, no puede ver el reino de Dios. (Juan 3:3)

Por cuanto todos pecaron, y están destituidos de la gloria de Dios. (Romanos 3:23)

Yo soy el camino, y la verdad, y la vida; nadie viene al Padre, sino por mí. (Juan 14:6)

He aquí, yo estoy a la puerta y llamo; si alguno oye mi voz y abre la puerta, entraré a él, y cenaré con él, y él conmigo. (Apocalipsis 3:20)

Los memoricé en ese orden. Además de leer una versión de la Biblia con una concordancia bien completa, tenía que ir a la iglesia lo más posible porque allí era donde se desarrollaba la acción y donde se necesitaba que estuvieran los «buenos cristianos». Hablando de acción, el servicio cristiano era también clave en todo ese paquete. El evangelismo y «dónde pasabas tus vacaciones en el campo misionero» se calificaba muy alto en estos círculos.

Encontré muy pronto el carril de avance rápido para el cristiano. Me involucré profundamente con un grupo de estudio bíblico y me uní a una organización cuya declaración de misión incluía ayudar al cumplimiento de la Gran Comisión. No pasó mucho tiempo antes de tomar la decisión de subir al siguiente nivel asistiendo al Seminario Teológico Fuller (no muy lejos de mi amado Rose Bowl en Pasadena), y los subsiguientes retiros y conferencias me llevaron cada vez más cerca de ir a otros países a «servir» a Dios. Me vinculé a tiempo completo con una agencia misionera, me casé con un bella mujer cristiana, me relacioné y me hice amigo de otras parejas cristianas, y empecé a criar tres hijos para que siguieran los pasos de su papá.

Sin embargo, cuando estaba bien metido en mi carril de avance cristiano rápido, ciertas deficiencias de carácter y conflictos internos siguieron manteniendo viva esta pregunta en mi subconsciente: *¿Por qué no te estás mejorando?* Todavía tenía muchas faltas. En muchas áreas de mi vida veía muy poco progreso, lo que me llevaba a pensar y sentirme como el necio del que se habla en Proverbios: «Como el perro que vuelve a su vómito, así es el necio que repite su necedad» (26:11).

Para la mayoría de los hombres —especialmente para mí— el montar una apariencia surge de manera natural. Es mucho más difícil, sin embargo, desarrollar un carácter que funcione bien bajo presión. Sin duda alguna, en aquel verano de 1982, Dios me aceptó, me perdonó y me libró de una eternidad separado de Él. Pero no me liberó de mi carácter. El error mental fatal que cometí en aquel entonces —y que innumerables cristianos cometen hoy— es que me imaginé que la conversión cambiaba de manera fundamental las características de mi carácter (quién era y cómo reaccionaba bajo presión) al mismo tiempo que yo aceptaba a Cristo en mi vida.

Es una obra continua de «tallado»

Una vez que un hombre ha entregado su vida a Cristo, la meta de Dios no es hacer que se sienta cómodo con el carácter y los hábitos que se arraigaron en su psique antes de llegar a ser parte del equipo. De hecho, el plan de Dios es que su Espíritu Santo vaya produciendo en nosotros los cambios necesarios (aunque para los caracteres obstinados y para ciertas pautas de comportamiento, su método consiste en permitir que las demoras y las dificultades entren en nuestras vidas). El carácter más bien se va tallando en vez de crearse al instante.

Tomemos la experiencia de Justin que se «hizo cristiano» para asombro de sus amigos. Muchas cosas estaban sucediendo en su vida, incluyendo una capacidad insaciable por el alcohol, lo que le llevó a entrar en un centro de rehabilitación. Más tarde, él y un amigo fueron en auto desde Arizona a California en un traslado audaz que al final llevó a la conversión de Justin. La sensación de un nuevo comienzo cautivó a Justin casi tanto como la emoción de ir a la playa Trestles en donde le gustaba practicar el surf. Antes estaba aficionado a las drogas y ahora estaba entregado a Cristo. ¿Qué podía ir mal ahora? Él tenía sobriedad, una esperanza recién encontrada en Cristo, nuevos amigos, y un programa de recuperación centrado en la iglesia que le ayudaría a mantenerse en línea. Justin se sentía como un hombre nuevo. Estaba casado, tenía hijos, y la vida parecía muy prometedora.

El carácter más bien se va tallando en vez de crearse al instante.

Avancemos ahora un año. Justin se mantenía todavía sobrio, pero muchas de sus actitudes, hábitos y tentaciones que él había desarrollado y cultivado antes de entregar su vida a Cristo todavía lo acosaban. Él pensó que estas deficiencias, junto con sus pecados habían quedado completamente lavados y ahora «podía hacer todo por medio de Cristo que le fortalecía». Justin se sentía ahora desilusionado por su incapacidad para controlar su temperamento con su esposa e hijos. Sus deficiencias le recordaban una herida que no acababa de sanar.

Justin me hace recordar mis propias experiencias. A semejanza de muchos hombres que conozco, tengo con frecuencia expectativas poco realistas en lo que se refiere a los cambios personales. Nos gustaría que todo fuera en un dos por tres —resolver varios problemas y asuntos con una gran decisión. Pero esta es la oferta que Dios nos hace: «¡Siembren para ustedes justicia! ¡Cosechen el fruto del amor, y pónganse a labrar el barbecho!» (Oseas 10:12). Para Dios, nuestras vidas son como campos que necesitan que los trabajen. Una vez que hemos trabajado un campo para cambiarlo, nos vamos a la siguiente parcela, donde Él nos anima a seguir trabajando en otras deficiencias de carácter limpiando el terreno de toda clase de hierbas malas. A veces esto requiere más tiempo del que nos gusta, pero tenemos que seguir manejando el tractor por toda la tierra fértil.

Los cambios van a suceder, y la Biblia nos da algunas indicaciones de cómo sucede. Piense en José en la cárcel de Egipto. Moisés en el desierto. David en sus años como fugitivo. Jonás en la ballena. Gedeón en una cueva. Job y sus catástrofes. Elías en su encuentro con la viuda. El rey Nabucodonosor quien pasó de las riquezas a los harapos y a la revelación. Saulo en su encuentro con Dios que le dejó ciego. Estas experiencias, y muchas más semejantes a esas, relatan la relación de Dios con los hombres, y debemos considerar esas historias como precursoras de nuestra propia peregrinación. Como ha mostrado la historia, Dios le dará al hombre una experiencia en el desierto para prepararlo para el futuro.

Una de esas experiencias en el desierto la vivió mi hermano Chris. Nunca olvidaré la llamada de teléfono tarde en la noche de una mujer desesperada en Arizona, que gritaba: «¡Venga a llevarse a su hermano de mi portal!». En otras palabras, quería verlo desaparecer de su vida porque mi hermano era un drogadicto y borracho que cambiaba de novias con tanta frecuencia como cambiaba de camisa.

Chris era un tipo desordenado de grandes músculos y poco cerebro, o por lo menos eso era lo que pensábamos. Mi familia lo tenía como un tonto y un caso perdido, y él mismo era su peor enemigo. Cuando recibí aquella llamada desde Arizona, mi hermano estaba endrogado y descontrolado, de modo que le ayudé a que lo admitieran en un programa llamado Teen Challenge, en Santa Cruz, California.

Entonces sucedió un milagro. Después de estar en el programa solo dos semanas Chris entregó su vida a Cristo… y comenzó el tallado de su carácter. Un año después, se graduó en el programa y se incorporó al equipo como un interno. A los dos años le invitaron a trabajar allí a tiempo completo y luego lo promovieron a director de una planta, y más tarde a ser uno de los supervisores del centro. Debido a su habilidad como líder, al poco tiempo ocupaba el puesto de director asociado y luego pasó a ser el director del centro. Estaba ayudando a cientos de hombres a cambiar por completo sus vidas.

Chris dedicó cinco años a aprender, a escuchar y a servir a otros. Al ver los cambios que habían tenido lugar en su vida, un miembro de la junta directiva de Teen Challenge le pidió que usara sus talentos en su pequeña compañía. Chris aceptó y poco a poco fue ascendiendo por el escalafón de la empresa hasta llegar a ser el gerente de la empresa en solo cuatro años. Después que los dueños vendieron aquel negocio, se asoció con otro en una empresa de servicios financieros que lleva su nombre. Él es un ejemplo real y vivo de cómo Dios puede tallar el carácter de un hombre.

Dios no ha cambiado sus métodos o su enfoque en lo que se refiere a llevar a cabo sus propósitos en las vidas de los hombres. Tampoco ha mostrado que esté más interesado en nuestra comodidad que en nuestro carácter. Dios sabe que la conducta de un hombre nunca va a sobrepasar el contenido de su carácter, porque la conducta es una expresión del carácter. Uno precede al otro. O, visto de otra manera, si queremos cambiar, necesitamos tener carácter para lograrlo. Dios nos creó y nos conoce. Como si fuera una computadora, Él diseñó la estructura, los programas y las aplicaciones.

La conducta de un hombre nunca va a sobrepasar el contenido de su carácter.

Él también sabe que nos resulta difícil confiar en Él en ciertas cosas, que nos gusta ser creativos al resolver nuestros problemas sin tener en cuenta sus planes. Él sabe cómo tememos a las personas, cómo pensamos y como tratamos de ocultar nuestras inseguridades, fracasos y problemas. Él sabe que a veces llegamos a estar tan abrumados que no podemos determinar cuál es la verdadera raíz de nuestros problemas. Él sabe cuán difícil es para nosotros confiar en Él y obedecerle.

Cuando los hombres me relatan sus experiencias de cómo Dios obró en sus vidas y cómo los transformó, varios hilos parecen relacionar todas las historias. Todas hablan de un Dios que sabe cómo llamar la atención del hombre, cómo llevarle a la confesión y a comprometerse, y por último, producir la transformación de su carácter. Cada uno de esos movimientos divinos merece nuestra atención.

LLAMA NUESTRA ATENCIÓN

En mi escuela secundaria, la lucha libre era algo más que un deporte —era la disciplina que formaba leyendas. Mi escuela había ganado 102 torneos sucesivos para cuando yo estaba en el séptimo grado, y estaba impaciente por entrar a formar parte del mejor programa de lucha en la historia de los Estados Unidos. Había luchado en la escuela primaria y había asistido a campamentos de verano para mejorar mi técnica y habilidad. Me gustaba la lucha libre porque era un deporte que ponía a uno frente a frente con un solo oponente en una prueba de fuerza, estrategia y aguante.

Una de las cosas que me repitieron muchas veces cuando practicábamos era la importancia de hacer todo lo posible por no quedar inmovilizado. Practicábamos por horas en contragolpes y otras combinaciones que el oponente podía usar contra nosotros. Nunca me olvidaré del entrenador del Miller Junior High que nos señalaba un letrero que había en el techo del gimnasio: SI PUEDES LEER ESTE LETRERO, ERES UN PESCADO. *Pescado* en el vocabulario de la lucha quiere decir que estás muerto, clavado, inmovilizado.

A veces me gustaría que Dios hubiera puesto un letrero en el cielo que dijera: SI PUEDES LEER ESTE LETRERO, DEBIERAS SABER QUE DIOS ESTÁ TRATANDO DE LLAMAR TU ATENCIÓN. En vez de eso, muchos de nosotros evitamos mirar a lo alto, por decirlo así, porque estamos tratando de evitar a toda costa quedar inmovilizados a comprometernos con Dios. Hemos convertido ese movimiento en un trabajo de arte. El problema está en que Dios conoce todos nuestros movimientos, y su deseo de inmovilizarnos procede de su gran deseo de estar cerca de nosotros, no de destruirnos o de ganar alguna clase de victoria.

Cuando Dios no consigue llegar a nosotros por medio de nuestra conciencia, Él a veces usa las crisis en nuestras vidas, nuestras relaciones más cercanas, nuestros negocios, nuestras carreras y nuestras familias, para llevarnos al lugar donde ninguna otra cosa podría hacerlo. Una situación desesperada. Inmovilizados sobre el suelo. Forzados a leer el letrero y tomar una decisión. Eso es lo que les sucedió a todos esos hombres en el Antiguo Testamento. Eso es lo que le pasó a mi hermano Chris.

¿Por qué lo hace Dios de esa forma? Porque nos conoce. Él sabe que la mayoría de los hombres no van a cambiar hasta que el dolor de sus circunstancias supere el dolor de cambiar. Para Chris, fueron meses y meses viviendo como un esclavo de su apetito por las mujeres y de las fiestas. En mi caso, fue estar metido en una deuda de veinte mil dólares. Para otros podría ser:

• quedarse sin trabajo
• fracasar en su negocio
• una hija embarazada que acaba de cumplir dieciséis años
• un diagnóstico de cáncer
• la muerte de un hijo
• una esposa que anuncia fríamente que quiere el divorcio
• la pérdida de un sueño

Todavía recuerdo a Blake, un hombre que, sentado frente a mí, con el corazón roto me decía: «Ya no me queda nada, Kenny». Ese día la empresa que él poseía había perdido uno de sus contratos más importantes del año, y la noticia le llegó en el peor momento posible. El fracaso de la empresa en conseguir aquel importante contrato causó la dimisión de su gerente. Una hora después, el hermano de Balke le había llamado para decirle que su padre había tenido complicaciones de salud y necesitaba que lo hospitalizaran. Mientras tanto el banco no le daba más crédito. En dos semanas tendría que hacer frente al pago de la nómina del personal, y Blake no tenía ni idea de dónde iba a sacar el dinero. Estaban triturando su orgullo, su fe y su empresa. Secándose las lágrimas, Blake me miró y me dijo: «Tengo miedo».

Hablamos un poco más y después oramos juntos. Unas pocas semanas más tarde Blake perdió su empresa. No obstante, esas terribles circunstancias están entre los métodos que Dios puede usar para llamarlo a un tiempo de descanso, redirigirlo y empezar el proceso de reedificar su carácter. En otras palabras, reclama nuestra atención con un propósito, con un propósito benévolo que solo puede ser para nuestro propio bien. Blake quedó inmovilizado porque era el hombre de soluciones rápidas, un artista en escapadas empresariales que constantemente ponía sus esperanzas en el siguiente contrato que le rescatara. No fue sino hasta ese momento en el que llegó al final de sus propias fuerzas y estaba mirando al letrero en el techo, que Blake empezó a examinar sus caminos… buscando a Dios ante todo por su propio bien y luego por el futuro de su empresa.

ESPERANDO QUE USTED SE COMPROMETA

¿Se ha dado cuenta que cuando Dios usa una crisis para llamar su atención, no la resuelve inmediatamente? He sido testigo de muchas ocasiones en las que parece que deja que las cosas sigan rodando por bastante tiempo mientras espera ver si la persona va a confiar en Él continuamente.

Durante mi caída libre financiera, Dios esperó hasta que llegue al fondo antes de que yo me volviera a Él y me sometiera a su proceso de esculpir mi carácter, así como a los pasos prácticos hacia una buena mayordomía financiera. Fueron necesarios dos años completos de vigilar cada centavo antes de que Chrissy y yo enviáramos nuestro último pago de la última tarjeta de crédito por el último balance que jamás vamos a tener. Recuerdo que le pedía a Dios que acelerara un poco el proceso cuando íbamos pagando poco a poco aquel enorme montón de dólares. Aunque no estaba jugando a la lotería, si estaba orando por un milagro que acelerara el proceso. Dios en su amor no respondió a aquellas oraciones, sino que me llegó un mensaje muy diferente:

¿Te metiste en esas deudas de forma sobrenatural?, parecía estar preguntándome el Señor.

Me fue muy duro oír ese mensaje en ese tiempo, pero estoy convencido de que Dios quería enseñarme a tener disciplina financiera. Puesto que no me había metido en deudas de la noche a la mañana, tampoco iba a salir de ellas de la noche a la mañana.

Tienes razón, Señor. Creo que debiera olvidarme también de la última petición.

Ponerse en forma es duro. Como soy un gran aficionado de la UCLA, recuerdo haber leído acerca de un jugador de fútbol de ese equipo que se quejó al entrenador Bob Toledo del efecto físico que los dos entrenamientos diarios en el verano estaban teniendo sobre él. Estoy seguro que los otros jugadores estaban pensando lo mismo, de modo que la manera en que el entrenador Toledo respondiera sería muy importante. El entrenador de la UCLA respondió a aquella joven estrella y a sus compañeros de equipo: «Los estoy haciendo hacer las cosas que no quieren hacer para que lleguen a ser los jugadores que quieren ser». El entrenador Toledo conocía bien cuál era el propósito del entrenamiento dos veces al día, lo que llevaría a los jugadores de los Bruins a ser lo más fuertes posible para una probable recompensa en noviembre. Quizá sin darse cuenta, este entrenador estaba usando un principio bíblico clave:

> Es verdad que ninguna disciplina al presente parece ser causa de gozo, sino de tristeza; pero después da fruto apacible de justicia a los que en ella han sido ejercitados. (Hebreos 12:11)

Dios se niega a ser nuestro genio personal porque sabe que el cambio instantáneo no nos dará lo que de verdad necesitamos. Demasiados de nosotros nos perdemos lo mejor de Dios debido a que somos impacientes. Nos rendimos muy pronto y muy fácilmente. El resultado es más dolor y retroceso. El hecho de que

Dios valore más el carácter que la comodidad no quiere decir que su demora es una negativa. Significa que su tiempo perfecto para nuestra liberación coincide a la perfección con nuestro cambio de carácter. Es decir, estaremos listos para su bendición cuando nuestro carácter pueda acomodar la bendición sin quedar espiritualmente desviados.

Cuando mi hijo Ryan tenía cinco años de edad, quería uno de esos patinetes conocido como Razor. La marca era muy importante porque Benji, el amigo que vivía al otro lado de la calle, tenía un Razor, como también Paul, Taylor, Luke y Cory. Ryan no tenía un Razor, y él me lo hizo saber y no quería que se me olvidara. Pero algo dentro de mí me dijo que esperara. No era que no pudiéramos comprar uno para él, sino se trataba de alcanzar un propósito superior.

Un mes más tarde, Chrissy me dijo cómo Ryan había renunciado a un premio que había ganado en la escuela a fin de que un vecino más joven, amigo suyo, pudiera obtenerlo. Pensé que ese era el momento.

Al día siguiente, cuando Ryan regresó a casa de la escuela, le dije cuán orgulloso me sentía por lo que había hecho renunciando al premio por su amigo. Después de desordenarle el pelo, le recordé que tenía que ordenar su cuarto antes de irse a jugar. Cuando Ryan entró a su cuarto, allí estaba con todo su esplendor un Razor flamante y nuevo. Ryan nunca olvidará ese día o la razón por la cual le llegó su premio. No le llegó porque él lo quisiera, sino porque yo quise recompensar su carácter. No le llegó conforme al tiempo de Ryan, sino al mío.

Dios también espera para recompensarnos, pero eso solo va a suceder conforme a su tiempo.

ACEPTAR SU CONFESIÓN

¿Se ha preguntado alguna vez si su hijo tiene un pluriempleo como abogado defensor? Yo con seguridad lo he hecho, especialmente después de las excusas tan creativas que mi hijo ha tenido a lo largo de los años. Incluso cuando le he pillado, como se suele decir, con las manos en la masa, he escuchado algunas defensas asombrosas.

—Ryan, ¿golpeaste a tu hermana Cara? (Su hermana mayor se tapa la cara enrojecida y llora.)

—Ella empezó —responde Ryan, al tiempo que cruza los brazos en gesto desafiante.

—¿Entonces, ¿por qué está llorando?

—Solo estábamos jugando.

Voy a atraparlo sin contemplaciones:

—¿Está ella llorando por algo que tú hiciste? ¿Sí o no?

—¡Pero, Papá! —no hay forma de escapar, él sabe que está atrapado.

A lo que yo respondo en forma muy calmada:

—¿Sí o no?

Por fin, al ver que no tiene salida, Ryan se entrega con un suave sí.

Yo no estoy interesado en ganar el pleito; lo que quiero es que Ryan acepte su responsabilidad. Quiero que confiese su error y esté más dispuesto a reconocerlo rápidamente en la siguiente ocasión. Es por eso que una cierta dosis de amonestación paternal hace que aquella conversación resulte en una experiencia embarazosa para él, pero necesaria.

Estoy seguro que mi Padre celestial contiene la risa cuando me ve disciplinar a mi hijo. ¡Es como un ciego guiando a otro ciego! Pero he aprendido que la mejor manera de aliviar mi dolor es el acto sincero de confesarle mi maldad.

Se ha dicho por siglos que la confesión es buena para el alma. He visto el fruto de esa declaración en Every Man Ministries. Recuerdo estar sentado alrededor de una mesa con otros cinco varones en un retiro para hombres. Uno de ellos, Todd, dijo que después de escuchar los mensajes del viernes por la noche y del sábado por la mañana, se sentía tocado en el corazón a confesar que había traicionado a su esposa.

—He sido mentalmente infiel a mi esposa —empezó diciendo—, y como resultado he dañado mi matrimonio y a mi familia.

—¿Cuánto tiempo lleva sucediendo esto? —le pregunté.

—Varios años.

—¿Qué vas a hacer acerca de eso?

Todd pensó por un momento, entonces dándose cuenta de que tenía que hacer lo que era correcto, dijo:

—No sé si mi esposa estará despierta cuando yo llegue a casa, pero aun si está dormida la voy a despertar y le contaré lo que ha estado sucediendo y cuánto lo siento. He estado perjudicando la intimidad de mi matrimonio y eso tiene que terminar.

El cambio no es posible mientras el hombre no esté dispuesto a confesar sus acciones.

La confesión de Todd dio paso a una transformación. Su pastor me llamó a la semana siguiente del retiro para hablarme acerca de la experiencia de una mujer que lo había acaparado después del culto del domingo por la mañana después del retiro. Le dijo que su esposo había llegado tarde la noche anterior y la había despertado. La mujer se echó a llorar de gozo al contar como algo había sucedido que había cambiado a su esposo.

El cambio no es posible mientras el hombre no esté dispuesto a confesar sus acciones. ¿Por qué quiere Dios que confesemos? Porque la confesión pone fin al autoengaño y lo remplaza con la humildad, la cualidad esencial que se requiere para que lleguemos a ser el hombre de Dios. La palabra original para *humildad* en el Nuevo Testamento representa algo que es maleable o flexible. De modo que cuando la Biblia dice: «Dios resiste a los soberbios, y da gracia a los humildes» (Santiago 4:6), tiene perfecto sentido: La humildad muestra la disposición de dejarse guiar por Dios, de ser moldeable, de ser lo suficientemente flexible para confesar nuestras faltas a fin de obtener la transformación del carácter.

LA CREACIÓN DE LA TRANSFORMACIÓN INTERNA

La idea de transformación del carácter y su vinculación con la confesión la vemos vívidamente ilustrada en la vida de Jacob en el Antiguo Testamento. Desde el tiempo en que era un joven, Jacob había vivido haciendo honor a su nombre, que significaba «engañador» o «manipulador». Tramó, conspiró y se aprovechó de las personas antes de huir de las responsabilidades.

En aquel tiempo, el nombre de un hombre reflejaba la característica dominante de su personalidad, de modo que el nombre de Jacob tenía sentido. ¿Se puede imaginar que le pongan por nombre el que corresponde a la peor característica de su persona? ¿Qué sería? ¿Lujurioso? ¿Drogadicto? ¿Materialista? ¿Hedonista? ¿Narcisista? ¿Lisonjero? ¿Abusador? (Me alegra que ya no tengamos hoy esa costumbre. Yo estaría perdido).

Después que Dios literalmente inmovilizó a Jacob y le hizo confesar su nombre (en otras palabras, hacerle confesar sus problemas de carácter), el relato bíblico nos dice:

> Y el varón le dijo: No se dirá más tu nombre Jacob, sino Israel... Y lo bendijo allí. Y llamó Jacob el nombre de aquel lugar, Peniel; porque dijo: Vi a Dios cara a cara. (Génesis 32:28-30)

Requirió un poco de trabajo, pero Dios no renunció a Jacob. El nombre Israel significa «príncipe de Dios». Para nuestro asombro Dios vio a un príncipe suyo dentro de la piel de un engañador. Eso me da esperanza. Dios vio el potencial de Jacob y no su pasado. Eso me da más esperanza. Dios le estaba diciendo a Jacob: «Eso fue ayer. Esto es lo que es ahora». Y le dio a Jacob un nuevo carácter.

A medida que se desarrolla la historia de Jacob, vemos cómo, a partir de ese momento, Jacob cesó su tendencia de toda la vida a la irresponsabilidad, a huir y escapar. Literal y figurativamente Jacob nunca volvió a caminar de la misma forma. Dios le dio un carácter nuevo y lo dejó cojeando como un recordatorio de aquel encuentro. Dios tocó su cadera, uno de los lugares más fuertes del cuerpo humano porque es donde se conectan los músculos del muslo. La cojera de Jacob fue un recordatorio para toda su vida de aquella lucha que sin duda alguna creó una dependencia profunda y permanente con Dios.

¿COMPRENDEN? ¡QUÉ BUENO!

Cuando Rick Warren, mi pastor, termina algún punto importante en su mensaje, con frecuencia le pregunta a la congregación:

—¿Comprenden?

A lo que todos responden:

—¡Claro!

Luego él cierra el punto con un:

—¡Qué bueno!

La imagen más importante que Cristo Jesús nos dio acerca de Dios es la de un Padre amoroso. Misericordioso, pero fuerte. Esa es la razón por la que Dios, a veces, parece que no se preocupa para nada con preservar nuestra dignidad o satisfacer nuestras emociones. Él está mucho más interesado en tallar nuestro carácter, y si hay un poco de incomodidad a lo largo del proceso, pues que así sea.

Al hombre que está dispuesto a confiar en la manera en que Dios trabaja y a ser un hombre de Dios, incluso cuando duele, le espera una gran recompensa. También es importante para Dios que nosotros entendamos esta parte del proceso. Es como experimentar un gran triunfo —una victoria difícil que no vamos a olvidar. Nos cambia, y a la vez siguiente que nos veamos en el fragor de la batalla, sabremos qué esperar. Somos mejores mediante la experiencia.

Siempre nos vamos a encontrar con encrucijadas en el camino, y un camino nos puede parecer más fácil que el otro. Cuando eso suceda, siempre elija el que parezca que va a poner más a prueba su carácter. Se alegrará de hacerlo, porque Romanos 5:4 nos asegura que el carácter produce esperanza, una esperanza para el futuro.

¿Comprende?

¡Qué bueno!

4

La verdad: La enfrentamos o huimos de ella

Una mañana estaba sentado a la mesa para desayunar cuando me fijé que mi hija estaba comiendo algo con una capa azucarada blanca y grageas. Un análisis más cercano reveló que era un pastel de arándano llamado Pop-Tart acabado de tostar. Yo también quería uno, pero cuando fui a buscarlo descubrí que los dos últimos se encontraban ya en el plato de mi princesa. Sin ninguna vacilación me acerqué a Jenna y le informé con una voz suave y amorosa que el segundo pastel en su plato no estaba en buenas condiciones, y que era muy conveniente que yo lo probara primero.

—Pero, Papá, ¿y qué si el Pop-Tart no tiene nada malo?

—Bueno, vamos a comprobarlo. Pongámoslo en mi máquina especial para probar Pop-Tarts.

Sin dudarlo le pegué un buen bocado, lo empecé a masticar lentamente y dejé que se acumulara la tensión.

—Oh, no estoy seguro de que este es un buen Pop-Tart —dije muy serio mientras movía la cabeza y me lo acababa de comer—. Creo que hay algunos agentes biológicos peligrosos aquí. Temo que mi máquina especial para probar Pop-Tarts va a tener que destruir todos estos pasteles.

Y traté de echarle mano al segundo Pop-Tart.

—¡No, Papá, no lo hagas!

—Lo siento, ya es un poco tarde —dije en broma y le entregué los restos de su Pop-Tart.

Si bien es cierto que me siento un poco avergonzado de contarles esta experiencia con mi hija, revela una verdad fundamental acerca de mí: *Cuando es algo que me interesa, soy un experto en jugar juegos psicológicos con otros y conmigo mismo para salirme con la mía.*

LAS MENTIRAS QUE NOS DECIMOS A NOSOTROS MISMOS

Quizá usted no ha llegado tan bajo como para engañar a su hija de cuatro años y quitarle un Pop-Tart, pero todos hemos racionalizado hacer lo que es malo a lo largo de los años. Vea a continuación algunas de mis justificaciones favoritas:

«Me lo merezco. He estado trabajando mucho».

«Nadie lo va a saber».

«No me puedo controlar».

«Es parte de mi trabajo, y alguien tiene que hacerlo».

«Mientras que nadie quede perjudicado, todos estaremos bien».

«Una vez más. Lo prometo. Entonces lo dejaré».

«Si ella hiciera lo que quiero que haga, yo no sería de esta manera».

«Comparado con él, no soy tan malo».

«Todos los demás harían lo mismo que yo hago si estuvieran en mi situación».

«Es que yo soy así».

«Eso de verdad va a ayudarnos en nuestras finanzas».

«Es demasiado tarde ahora para cambiar».

En algún momento u otro, yo he dicho casi todas esas cosas. Yo probablemente creía lo que estaba diciendo, aunque estaba usando una lógica equivocada que no cuadraba con lo que yo sabía intuitivamente que era la verdad.

Patricio usó la misma lógica equivocada cuando empezó a quejarse con su esposa, Elisa, sobre sus relaciones. Sin duda, su matrimonio había visto mejores días, pero el estrés causado por el trabajo de noche de Patricio y que ella trabajaba de día, amenazaba con destruir sus relaciones. Al principio en su matrimonio, Patricio había sostenido a Elisa en sus estudios de medicina, aplazando su carrera como policía. Él nunca se había quejado, dedicándose con devoción a los hijos que les nacieron y a la carrera de médica de Elisa. Incluso había llevado a su esposa a Cristo. Pero su fe estaba desapareciendo.

Una vez que Elisa hubo terminado su internado, Patricio volvió a su propósito de integrarse a la Policía de Carreteras de California. Después de entregar toda la documentación, someterse a un conjunto de entrevistas sobre sus antecedentes y pasar una serie de exámenes, lo aceptaron en esa rama de las fuerzas del orden. Sin embargo, como un recién llegado, a Patricio le asignaron el turno nocturno, que implicaba patrullar las siempre congestionadas carreteras del sur de California, desde las 11:00 de la noche hasta las 7:00 de la mañana.

Patricio y Elisa eran como barcos que se cruzaban en la noche, capaces de verse el uno al otro por unas pocas horas entre la hora de la cena y el turno de noche de él. Patricio estaba cada vez más temperamental, y siempre que Elisa trataba de acercarse, la rechazaba. Las preguntas inocentes sobre la nueva tarea se tomaban como una inquisición, y Elisa cada vez se sentía más alejada. La única participación de Patricio en la vida familiar era asistir a los partidos de fútbol de los hijos.

¿Es eso lo que vas a decirles a los niños?
¿Es eso lo que le vas a decir a Dios?

Elisa sentía que su esposo estaba distanciándose a propósito. Con cada día que pasaba, una oscura sombra cada vez más larga caía sobre sus relaciones. Trató de ignorar sus dudas hasta el día en que regresó a casa para almorzar en uno de los días que Patricio tenía libres y descubrió que su intuición era correcta. Lo halló metido en la cama con otra mujer.

—¿Cómo te atreves? —empezó a decir Elisa una vez que la mujer se vistió y se marchó.

—Yo ya dejé de amarte hace dos años —respondió él con la intención de herir.

—¿Qué te pasa? ¿Es que estás ya pasando por la crisis de la mediana edad? —replicó ella.

—Todos estos años solo has pensado en ti, y nunca te ofreciste a apoyarme con mi proyecto de trabajo. Por eso es que lo hice sin ayuda. Yo sabía que no lo aprobarías.

—Nunca me diste la oportunidad. Siempre me dejaste a oscuras.

—Escúchame —dijo Patricio—. No me importa, tú ya no me importas.

Haciendo una pausa y moviendo la cabeza en incredulidad, Elisa miró a Patricio directamente a los ojos y le preguntó:

—¿Es eso lo mejor que puedes hacer? ¿Es eso lo que les vas a decir a los niños? ¿Es eso lo que le vas a decir a Dios?

¿Qué es lo que Patricio le puede decir al Señor que conoce todos nuestros pensamientos? En esencia hay dos caminos para seguir, y los hombres tenemos la tendencia de escoger uno u otro: Nos enfrentamos a la verdad, o escogemos huir de ella.

DOS OPCIONES: DOS CLASES DE HOMBRE

El común denominador de todas las mentiras que nos decimos es que cada una de ellas nos permite continuar con esas actitudes insalubres o pautas que dañan nuestras relaciones mientras que seguimos evitando reconocer la verdad de nuestro pecado.

Pero Dios sigue mostrándoles la verdad a sus hombres. En su caso, no puede evitarlo porque Él *es* la verdad. La llegada de la verdad es inconfundible porque siempre nos fuerza a la reflexión, a la consideración y a la toma de decisiones que penetran directamente en nuestras mentes con la precisión de un rayo láser. La luz brillante de su verdad puede ser una fuerza consoladora para nuestro cambio si la aceptamos y recibimos en nuestras vidas. Jesús fue un maestro excelente que nos llevó a conocer exactamente lo que pasa cuando Él aparece en nuestro dominio privado, como bien lo expresa el Evangelio de Juan:

> Ésta es la causa de la condenación: que la luz vino al mundo, pero la humanidad prefirió las tinieblas a la luz, porque sus hechos eran perversos. Pues todo el que hace lo malo aborrece la luz, y no se acerca a ella por temor a que sus obras queden al descubierto. En cambio, el que practica la verdad se acerca a la luz, para que se vea claramente que ha hecho sus obras en obediencia a Dios. (Juan 3:19-21, NVI)

Cuando Cristo Jesús llama a la puerta, encuentra dos tipos de hombres. Uno de ellos corre. El otro abre la puerta. La respuesta de uno de ellos es insincera. El otro está deseoso de ponerse a trabajar con Dios. Un hombre teme que la realidad bajo su disfraz quede al descubierto. El otro se ve a sí mismo como una obra en progreso. Uno de los hombres sabe que suele engañarse a sí mismo. El otro colabora con Dios para lidiar con sus defectos. Uno de los hombres se esfuma a fin de que nadie vea quién realmente es. El otro permite que los demás vean su progreso. Uno de los hombres finge conocer a Dios. El otro se asocia con Dios y le da el reconocimiento por la buena obra que la verdad está llevando a cabo en su vida.

Cuando al principio empecé a trabajar en el campo de la salud mental, me entrenaron para hacer evaluaciones de pacientes, tarea que se conoce como «entrada». Esto involucra hacer una serie de preguntas con el fin de determinar cuán serias son la posibilidades del paciente de depresión, adicción o de dificultades y entonces recomendar varias formas de tratamiento. Disfrutaba del proceso porque ayudaba a las personas a enfrentar con sinceridad sus peores temores.

También aprendí cómo «leer» a las personas. Desde el principio, podía decir por las respuestas a mis preguntas si podría ayudar al paciente. La persona estaba en una situación de negación, o estaba quebrantada y era sincera. Una persona pretendía que todo estaba bien cuando todo su mundo se estaba viniendo abajo, o estaba en contacto con la verdad y lista para escuchar.

La mayoría de las personas se relacionaban primero con nosotros por teléfono. Con frecuencia yo comenzaba preguntando: «¿Por qué nos ha llamado hoy?».

Una respuesta bastante común era: «Mi esposa dice que me busque un consejero o ella me va a dejar».

Otro podía responder: «Me encontraba oyendo su programa de radio y escuché a aquel hombre hablar acerca de los síntomas de depresión, y pensé que me estaba describiendo a mí. No podía creer lo que estaba oyendo».

¿Ve la diferencia? Uno dice: «No tengo un problema, pero si no llamo, mi esposa me va a dejar. En realidad no lo necesito».

El otro dice: "Sí. Eso me pasa a mí. Creo que necesito ayuda".

Cuando un hombre se encuentra ante el espejo de la verdad, va a responder enfrentándolo o huyendo. Si escoge huir, es debido a que la realidad de su vida, con todo su comportamiento destructivo, le parece demasiado espantoso el enfrentarla cara a cara. Le resulta más fácil escapar.

POR QUÉ NOS ASUSTA LA REALIDAD

Winston Churchill dijo una vez: «Personalmente, siempre estoy listo para aprender, aunque no siempre me gusta que me enseñen».

Lo que quería decir es que caer bajo la dirección de otra persona conlleva sus propias tensiones, a pesar del valor de la verdad que se puede descubrir de esa experiencia. Al menos Churchill era sincero. Ver y aceptar la verdad requiere acción, pero la acción —hacer algo— con frecuencia produce tensión.

Un hombre se acercó a mí y me preguntó si podíamos hablar en privado. Esta era su pregunta:

—Si una persona adicta a la pornografía se ha arrepentido y ha dejado ese hábito durante un mes, ¿debiera decírselo a su esposa?

Yo sonreí. Cada vez que un hombre me habla en tercera persona, yo sé que él está hablando de sí mismo.

—Esto es lo que yo le diría a su amigo —respondí yo, manteniendo la misma amistosa charada—. Le diría que debería abrirse completamente en cuanto a su problema. ¿Se encuentra él aquí en la conferencia?

—No, no le fue posible venir.

—Bueno, yo le diría a su amigo que hasta que él no esté dispuesto a hacerse responsable de su hábito y admitirlo personalmente ante alguien, él probablemente no va a experimentar un cambio de comportamiento duradero.

—¿De verdad? ¿Por qué?

Cuando oigo eso, sé que estamos progresando.

—Porque su amigo se está escondiendo —dije—. El esconderse lleva al aislamiento, y el aislamiento lleva a la enfermedad de carácter. Un carácter enfermo no puede hacer otra cosa que expresarse en una conducta enferma.

¡Pum!

Otros hombres a los que ministro tienen temor de ser sinceros porque encuentran bastante difícil encarar sus faltas; después de todo, para ellos el precio de hacerlo es verse avergonzados. Esto es lo que le sucedió a uno de mis antiguos amigos, un hombre que había sido íntimo amigo mío.

—¿Qué sucede? —le pregunté para comenzar.

—Laura me va a dejar —respondió él con toda naturalidad,

pero pude percibir el dolor en su voz—. Se lleva a los niños y se traslada lejos de aquí para estar más cerca de sus padres.

—Eso debe ser un golpe tremendo —me atreví a decir.

Yo sabía que había dos partes en aquella historia. Su esposa me había dicho que él había sido físicamente abusivo para con ella delante de los hijos. La hija mayor llamó a un amigo de la escuela y este llamó a la policía, lo que al final resultó en una orden judicial de que no se acercara a su esposa. Él había perdido por completo el control.

Al continuar conversando, le escuché culpar a su esposa, hablar mal de su fe, y decir muchas cosas acerca de todo menos de la raíz del problema: su incontenible ira. Eso me molestó lo suficiente como para enfadarme. Su orgullo y arrogancia le impedían evaluar los resultados de sus decisiones: el abuso, la angustia, y una familia emocionalmente perturbada. El profeta Jeremías podía haber estado escribiendo acerca de mi amigo: «Aun en tus faldas se halló la sangre de los pobres, de los inocentes… sin embargo, en todas estas cosas dices: Soy inocente… No he pecado» (Jeremías 2:34-35).

Para algunos hombres, no se trata tanto de perder su imagen pública o de encarar sus faltas como del temor de experimentar más dolor al enfrentar la verdad acerca de sí mismos. Este era ciertamente el caso de Jaime, que solo había conocido dolor durante toda su vida. Su padre fue un hombre alcohólico crónico y abusivo. Y si eso fuera poco, un miembro cercano de la familia le había molestado sexualmente siendo niño. Después de un tiempo de locuras en el servicio militar como adolescente y joven adulto, Jaime encontró a alguien con quien casarse. Pero el matrimonio no le ayudó para nada a dominar su adicción sexual. No pasó mucho tiempo antes de que su matrimonio se deshiciera y se viera envuelto en una amarga pelea por la custodia de los hijos. Cuando conocí a Jaime, estaba intentando rehacer su vida con un segundo matrimonio y unos nuevos hijos que necesitaban a un padre.

A semejanza de muchos hombres que he aconsejado, el pasado de Jaime pesaba mucho sobre él. El dolor relacionado con su vida pasada y presente era más de lo que podía manejar, lo cual era la razón por la que estaba dispuesto a buscar ayuda. Si bien los consejos lo ayudaron, no podía remplazar el trabajo que Jaime tenía que hacer en cuanto a sus relaciones y matrimonio. Sin embargo, en vez de responsabilizarse de sus errores del pasado y del impacto sobre su presente matrimonio, decidió verse como la víctima.

Esta decisión fomentó una falta de disposición a mirar a sus presentes relaciones, a medir y pesar sus acciones, y a hacer lo que era correcto para con Dios y con su familia. Él sabía que enfrentarse a eso significaba revivir las partes peores de su vida y significaría demasiado dolor. Dijo que ya no estaba dispuesto a arriesgarse a los cambios, añadiendo que más bien estaba dispuesto a aguantar relaciones miserables antes que sufrir el malestar de los cambios en su comportamiento.

En vez de responsabilizarse de sus errores del pasado, él decidió verse como la víctima.

Enfrentarse a la verdad siempre lleva a una pérdida de alguna clase: sus ingresos, un pasatiempo que usted disfruta, su imagen en la comunidad, una relación equivocada, o la compañía de ciertos amigos. Jesús sabe que es un riesgo para el hombre, pero también sabe lo que espera en el otro lado: «Porque todo el que quiera salvar su vida, la perderá; y todo el que pierde su vida por causa de mí y del evangelio, la ganará» (Marcos 8:35).

Cuando nos enfrentamos a la verdad acerca de dónde Dios quiere que vayamos en nuestra peregrinación espiritual, podemos elegir la senda que lleva a la salud, a la plenitud y a glorificar a Dios. Además, entonces tendremos la confianza — y la humildad— de seguir haciendo los cambios que necesitamos hacer para Él.

¿HARÁ LOS CAMBIOS NECESARIOS?

Dios se encara con nosotros para nuestro beneficio, para sanarnos de nuestro pasado pecaminoso. Estas cirugías del alma requieren fe en el Cirujano y en los resultados prometidos. Los que aceptan «someterse al cuchillo» con frecuencia hacen los cambios para lograr que las cosas sean completamente diferentes en sus vidas.

Cuando me encontré por primera vez con un motociclista llamado Ben, estaba llegando en una motocicleta con los manubrios en ángulo pronunciado, en una camiseta sin mangas y con un casco alemán con un cuerno metálico. Olía como si acababa de fumar marihuana. Era un alcohólico y un adicto a las drogas que no tenía ni idea de hacia dónde iba su vida. Todo a su alrededor se derrumbaba, incluyendo un matrimonio tambaleante que iba camino del divorcio.

Ben me dijo que una vez cuando se encontraba deprimido, se preparó un cigarrillo de marihuana y se puso a fumarlo, solo para ver que su hijo de dos años le estaba viendo y le imitaba poniéndose un bolígrafo en la boca. Esta fue la gota que colmó el vaso y que Dios usó para lidiar con la adicción de Ben. Por primera vez vio con claridad la realidad de lo que estaba haciendo. Ben ingresó voluntariamente en un centro de rehabilitación y empezó una peregrinación espiritual que es ejemplar.

Cuando le pedí a Ben que reflexionara en lo que aquel día significó para él, contestó: «Fue sobre todo aprender lo que significa humillarse a sí mismo y pedir ayuda». Sus ojos azules se llenaron de lágrimas. «Raquel y yo estábamos separados. Yo vivía por mi cuenta. Tuve que admitir que había hecho una ruina de mi vida y que necesitaba ingresar a un centro de rehabilitación».

Ese día tan especial resultó ser fundamental para su caminar con Cristo y su crecimiento como un hombre. Más que ningún otro hombre que he conocido, Ben sabe lo que significa aceptar con humildad la dirección de Dios. Su recuperación del alcoholismo lo ha entrenado en una disciplina espiritual clave: ver y aceptar que su camino no era recto y tomar acción como un paso de fe. Aprendió a confiar en la verdad por encima de todo y arriesgarse a ir por los caminos desconocidos de cambio que Dios estaba abriendo para él.

Ben aprendió que si bien Dios puede hacer que encaremos la verdad, también extiende su mano para calmar nuestros temores:

> Y guiaré a los ciegos por camino que no sabían, les haré andar por sendas que no habían conocido; delante de ellos cambiaré las tinieblas en luz, y lo escabroso en llanura. Estas cosas les haré, y no los desampararé. (Isaías 42:16)

Dios no solo entiende nuestros temores a cambiar, sino que también busca ayudarnos en cada recodo del camino. El tapiz que Dios teje para ayudar a los individuos es asombroso para mí. Poco después de que Ben y Raquel (los de la historia arriba) entregaran sus vidas a Cristo, se unieron a nuestro grupo para parejas. Desde entonces hemos sido buenos amigos. La relación de Ben con los hombres le ha proporcionado una nueva serie de amigos y ha eliminado la presión de volver a las drogas. Su nueva familia en Cristo ha llenado el profundo vacío producido por la disfunción y el abandono familiar que le llevó a la marihuana. Cada vez que estamos juntos, Ben mueve su cabeza asombrado de cuán específica e increíble ha sido la ayuda que Dios le ha proporcionado. Actualmente Ben visita las prisiones para hablar a los presos sobre sus experiencias de recuperación.

Ben estuvo dispuesto a humillarse, y los resultados han sido milagrosos. La clave para el siguiente nivel con Dios siempre empieza con la aceptación humilde del camino del Señor: «Oh hombre, él te ha declarado lo que es bueno, y lo que pide Jehová de ti: solamente hacer justicia, y amar misericordia, y humillarte ante tu Dios» (Miqueas 6:8).

LA RECOMPENSA: UN NUEVO NIVEL DE INTIMIDAD CON DIOS

Aprender a ver y a aceptar que la verdad tiene sus recompensas. Primero y ante todo, la intimidad con Dios aumenta en gran manera cuando vemos que su camino debiera ser nuestro camino. Pero cuando negamos la verdad, nos engañamos a nosotros mismos, y Dios no puede relacionarse con un hombre que se está mintiendo a sí mismo. Jesús le dijo a la mujer samaritana: «Mas la hora viene, y ahora es, cuando los verdaderos adoradores adorarán al Padre en espíritu y en verdad; porque también el Padre tales adoradores busca que le adoren» (Juan 4:23).

Si usted quiere relacionarse con Dios de una forma más significativa, hágalo con un inventario sincero de sí mismo. Pregúntese:

- ¿Estoy siendo sincero *conmigo mismo* en cuanto a dónde estoy con el Señor?
- ¿Estoy siendo sincero para con *Dios*?
- ¿Estoy siendo transparente con *otros*?
- ¿Estoy abierto a recibir instrucción de la Palabra de Dios, de parte de amigos, o aun de mi propia esposa?

Apertura y sinceridad siempre le prestan sustancia y credibilidad a nuestro carácter, lo que lleva a una mayor confianza. Cuando la confianza está presente, la intimidad se experimenta en mayor medida. Pero cuando un hombre está viviendo una mentira en algunas áreas de su vida, el resultado es solo una falsa intimidad.

Semana tras semana, seguía viniendo a nuestro estudio bíblico de los jueves por la mañana. Era sincero, transparente y crecía en su fe. Una vez, durante un tiempo de diálogo, nos habló de sus luchas con las tentaciones sexuales. Aquella confesión propició que varios hombres le dieran ánimo y consejo, incluyendo dos que estuvieron dispuestos a llamarle durante la semana para ver cómo le iba.

Sin embargo, Alex no fue sincero en cuanto a una cosa: Estaba teniendo pensamientos serios en cuanto a una aventura romántica con una mujer que trabajaba con él, en su oficina y a veces en algunos viajes. Sabía que aquello no era correcto, pero como «buey que llevan al matadero» (como nos dice Proverbios), nos dice ahora que se sentía indefenso cuando esa mujer estaba cerca. De cierto, empezaron a verse después del trabajo en esos moteles que alquilan un cuarto por horas, y no pasó mucho tiempo antes de que estuviera consumando el sexo ilícito.

Alex pensó que podía estar cerca de Dios y a la vez sucumbir a una tentadora obsesión.

La esposa de Alex, también creyente en Cristo, no tenía ni idea de que su esposo estaba actuando como un gato callejero. entonces empezó a faltar a algunos de los estudios bíblicos y viajaba más por causa de su trabajo. Los contactos por teléfonos con los otros amigos del grupo fueron decayendo poco a poco. Cada vez lo veían menos hasta que un día recibí una llamada por teléfono de un amigo de ambos. Estaba en la línea con la esposa de Alex y querían hablar conmigo acerca de la traición de su esposo.

Alex había actuado como si Dios fuera tonto. Durante un tiempo, pensó que podía estar cerca de Dios y a la vez vivir una tentadora obsesión. De una forma necia, había llevado una vida doble: una vida para Dios y otra para un placer pecaminoso. Descubrió que el carácter de Dios no se adapta a una espiritualidad elaborada por uno mismo que acepta algunas partes de la verdad de Dios y rechaza otras.

Las consecuencias fueron devastadoras para Alex y especialmente para su esposa. Después de repetidos intentos de consejería, luego de muchas intervenciones fraternales y después de varios períodos de dejar enfriar las cosas, la pareja fue incapaz de superar aquella traición y eso los llevó al final al divorcio. Un poco de sinceridad al principio, más apertura más tarde, y más fe en la verdad que produce liberación podían haber redirigido toda esta tragedia y haberla llevado hacia el triunfo.

Nuestras relaciones con Dios giran sobre nuestro compromiso para ser hombres que abrazan la verdad cuando quiera que nos llegue. Sin importar su fuente, debemos permitir que la verdad nos dirija hacia una mayor intimidad con Dios. Este es el fluir fundamental de la relación del hombre con Dios: Él nos trae la verdad. Reflexione en las palabras de Cristo: «Yo para esto he nacido, y para esto he venido al mundo, para dar testimonio a la verdad. Todo aquel que es de la verdad, oye mi voz» (Juan 18:37).

Como verá usted en el siguiente capítulo, este oír que Jesús describe quiere decir aceptar su palabra y dejarle a Él completamente los resultados.

Y eso no es fácil para ninguno de nosotros.

5

¿Orgullo, temor o fe?

«¿Dónde está Ryan», grité al entrar por las puertas de la sala de emergencias.

Estoy seguro que las enfermeras habían visto cientos de veces esa expresión de pánico. Me llevaron a través de unas puertas dobles hasta el área de clasificación, donde desde la esquina de mi visión vi la imagen de mi joven hijo. Un tubo nasogástrico colgaba de su nariz, y un rastro de sangre iba de su nariz hacia sus labios. Las enfermeras lo habían atado a una tabla y lo habían inmovilizado desde el cuello para abajo con lazos de velcro de alta resistencia. Su rostro tenso reflejaba su ansiedad y su pequeño cuerpo temblaba ligeramente. Podía decir que estaba asustado y luchando.

Todo había empezado treinta minutos antes cuando llamé por teléfono a casa desde el auto para preguntar si Chrissy necesitaba alguna cosa del supermercado. Una vecina y no Chrissy respondió al teléfono.

—Kenny, me alegro que haya llamado —dijo Donna—. Chrissy no está aquí ahora. Tuvo que salir corriendo con Ryan al hospital a la sala de emergencia.

—¿La sala de emergencia?

Mi corazón dio un brinco a la garganta al tiempo que toda clase de terribles pensamientos pasaban por mi mente.

—Parece que Ryan se ha bebido una botella de medicina para el catarro color naranja. Chrissy se dio cuenta de ello cuando él dijo que no se sentía bien, así que me pidió que cuidara de los niños mientras ella corría al Hospital Mission».

Cuando llegué al hospital, un equipo de médicos y enfermeras ya había iniciado el proceso doloroso de llenar el estómago de Ryan de carbón vegetal —sí, de carbón vegetal— para absorber lo que quedara de la medicina y neutralizar sus efectos en el sistema gastrointestinal.

Rodeado de su mamá, abuela y abuelo, Ryan no podía entender lo que le estaba pasando, ni tampoco podía parar el terrible tratamiento al que le estaban sometiendo. El chiquito estaba asustado, y cuando me vio, con sus ojos me dijo a gritos:

—¡Papá, ayúdame!

Solo necesité tres segundos para absorberlo todo. Cada fibra de mi ser quería intervenir y terminar con aquel sufrimiento. Seguramente mi hijo sentía que el procedimiento médico era como una tortura. Él quería que se terminara aquella dura prueba. Yo también lo quería, pero los dos teníamos que poner nuestra fe en aquellas personas capacitadas que sabían cómo tratarle. No había otra opción.

Miré fijamente a los ojos de Ryan, extendí mis manos hacia él y dije:

—Papá está aquí, hijo. Todo va a ir bien.

Me devolvió la mirada y se aferró a esa promesa con todas sus fuerzas.

«Todo va a ir bien», se lo repetí varias veces, y con cada repetición su tensión se alivió y empezó a respirar más lentamente. Con cada afirmación su rostro se relajó un poco más, y el color de su cara fue cambiando de rojo vivo a sonrosado suave. En menos de un minuto, todos los que le rodeaban se maravillaron de cuan calmado había quedado Ryan sin que cambiara nada en sus circunstancias.

Nada fuera de él había cambiado, pero sí había cambiado algo dentro de él. Ryan necesitaba una promesa de parte de su padre, y mi palabra fue suficiente para permitirle relajarse y entregarse al proceso.

A Chrissy no le gusta esta historia. A mí me encanta. No porque yo fuera el caballero de capa blanca que entró galopando en la escena e hizo que cada uno de los presentes quedara impresionado. Lo que me gusta de la historia es cómo Ryan soltó el control y aceptó el riesgo de confiar. Él podía haber seguido resistiéndose, y yo podía haber insistido en que le quitaran aquel tubo de la nariz y le desataran las correas que le sujetaban. Sin embargo, ninguna de esas acciones hubiera ayudado en la situación. Por el contrario, teníamos que creer en la sabiduría y habilidad de los médicos y enfermeras.

Con mucha frecuencia nosotros los hombres bien crecidos nos encontramos en los zapatos de Ryan. Nos metemos en situaciones complicadas y queremos salir por nuestra cuenta de ellas. Muchos hombres a los que aconsejo están atascados con heridas que no saben cómo superar, o hábitos que no pueden cambiar o con personas que les roban el gozo. En vez de confiar en Aquel que puede ayudarlos a salir del pozo donde están metidos, se dedican a luchar contra Dios, aunque les está diciendo:

—Esto puede doler un poco, pero luego te vas a sentir mucho mejor cuando hayamos terminado.

—No gracias —respondemos.

—Pero mi manera de hacerlo es mejor.

—Ya lo sé, pero me quedo con mi programa.

—Pienso que te convendría que yo controlara esto.

—No, gracias.

Ya sea que Dios le está llamando a usted a una gran misión o solo invitándole a confesar un fracaso, el temor a lo desconocido puede hacerle sentirse incómodo. Quizá debiera. Su incomodidad puede ser la señal de una lucha interna por el control de su vida. O bien su orgullo le va a cegar, su temor le va a intimidar, o su fe va a prevalecer.

ORGULLO: YO SÉ LO QUE ES MEJOR

Con frecuencia, la primera forma en que un hombre responde a Dios es con orgullo. Esta respuesta comunica: «Yo lo sé mejor que Dios». Haga un viaje conmigo en el tiempo de regreso a aquella sala de emergencia. Imagínese que yo hubiera entrado allí como paseando, hubiera tocado al médico tratante en el hombro y hubiera empezado a darle indicaciones de cómo tratar a mi hijo. Estoy calificado, ¿no es cierto? Tengo un título universitario y tengo bastante experiencia en curar arañazos y raspaduras de niños. He besado montones de chichones con sumo cuidado, y mis hijos me aman.

Sí, cómo no. En realidad, mi primer pensamiento de auténtica ayuda en la situación de Ryan fue la de salir del cuarto y dejar que el personal médico calificado hiciera su tarea profesional.

He jugado un poco al baloncesto, pero eso no quiere decir que yo pueda conseguir que Kobe Bryant se ponga al teléfono para que yo le diga cómo puede mejorar en esta o aquella jugada. Jugué al béisbol en la escuela secundaria, pero eso no significa que yo pueda decirle a Barry Bonds como batear mejor. He logrado meter la pelota de golf en varios agujeros después de muchos años, pero eso no significa que puedo instruir a Tiger Woods en cuanto a su selección de palos. Lo básico de todo esto: La distancia entre estos jugadores legendarios y yo es tan amplia como los tiros de Tiger Woods. Usted lo sabe bien y yo también.

No obstante, esa es la manera en que muchos actuamos en relación con Dios. La distancia entre Él y nosotros es infinita, con todo, tenemos la audacia de decirle: «Gracias, Dios, pero yo me ocuparé de este asunto». Y algunos de nosotros no vacilamos para nada en darle nuestras opiniones. Como Danny, un millonario por su propio esfuerzo.

Sin mucha ayuda de parte de su familia, Danny pagó sus gastos de estudios universitarios y se empleó como vendedor en una empresa de fotocopiadoras. Su gran autodisciplina y su habilidad natural para las ventas lo llevaron a ser el mejor vendedor de la empresa en la región occidental. Después de cinco promociones y siete años más tarde, desde su oficina podía contemplar la bahía de San Francisco y la isla de Alcatraz. Se había casado con su novia de la universidad, Beth Anne, y tenía una hija preciosa y otra les venía en camino. Vivían entre los más distinguidos e influyentes de los líderes empresariales. Sin embargo, según todos los criterios, Danny estaba ganando algo más que un salario de seis cifras: la reputación de ser despiadado. A sus espaldas los empleados le llamaban el «Darth Vader» [El malo de la *Guerra de las galaxias*]. Los de su equipo o superaban las cifras de ventas anteriores o perdían el trabajo —sin excepciones.

Tenemos la audacia de decirle: «Gracias, Dios, pero yo me ocuparé de este asunto».

Un domingo por la mañana, Curt, un joven directivo de ventas en la compañía de Danny, se sorprendió de ver a Danny en la iglesia. Hacía poco que se habían visto en la conferencia anual de ventas. Curt le vio tomando café con otros a un lado del vestíbulo y se acercó a él.

—¿Es usted miembro de esta iglesia? —sin saber lo que Danny respondería.

—He estado asistiendo a esta iglesia desde que nos trasladamos aquí desde Texas hace diez años —contestó Danny.

—Yo no sabía que usted fuera cristiano —se atrevió a decir Curt, un tanto emocionado de que el jefe de ventas de su empresa fuera un creyente.

Danny ignoró el comentario y dijo:

—Usted trabaja con Cameron, ¿no es cierto?

Se refería a uno de los líderes de equipos de ventas en la empresa.

—Sí, y creo que usted debiera orar por él. —animó Curt.

—¿Por qué? ¿Qué es lo que pasa?

—Bueno, usted probablemente ya lo sabe —respondió Curt visiblemente conmovido—, pero su esposa ha recaído otra vez con el cáncer y él está destrozado.

—No lo sabía —dijo Danny.

Él había visto a Cameron unos pocos días antes cuando lo regañó por llegar tarde a la reunión trimestral de ventas. Cameron había mencionado algo acerca de que su esposa estaba enferma, pero la atención de Danny estaba enfocada en la caída del nivel de ventas de Cameron en ese trimestre. En silencio se reprendió a sí mismo por haberse comportado de esa forma tan insensible.

Danny se había insensibilizado por tanto tiempo al Espíritu de Dios que lo único que podía atraer su atención era la revelación repentina de que había juzgado mal a uno de sus directores de ventas más fieles. Así era como Danny tendía a juzgar su reino de ventas: una serie de territorios geográficos que él podía controlar. Profesionalmente, su orgullo había mantenido alejado a Dios del lugar de trabajo. Era como si Danny se hubiera reservado el control sobre un dominio que él sabía debería corresponderle a Dios. Siempre que eso sucede, Dios tiene una manera de mostrarnos que no sabemos tanto como pensamos que sabemos. Él va a actuar para mostrarnos que no sabemos más que Él.

Eso es lo que le sucedió al rey Nabucodonosor, quien tuvo que aprender varias lecciones de humildad. ¡Y qué humillación! Por siete años, el rey sufrió de una enfermedad mental que le llevó a deambular por las praderas junto al palacio y comer hierba como una vaca. Después de pagar el precio por su orgullo, este rey que antes vivía centrado en sí mismo, dijo: «Ahora yo Nabucodonosor alabo, engrandezco y glorifico al Rey del cielo, porque todas sus obras son verdaderas, y sus caminos justos; y él puede humillar a los que andan con soberbia» (Daniel 4:37). En esta confesión, dos frases son clave para mí: *todas sus obras son verdaderas, y sus caminos justos.*

Estas palabras hablan del nuevo entendimiento que el rey obtuvo acerca del control de Dios y de la elección que todos tenemos que hacer: Su camino o mi camino. Algunos hombres no preguntan para nada a Dios: «¿Cómo quieres que yo maneje esto?», ni preguntan: «¿Qué me dice la Palabra de Dios que haga en esta situación?». Las razones por las que no hacen estas preguntas son simple ignorancia o descarada arrogancia. Nada de eso le beneficia al hombre de Dios, y ambas conllevan el pago de un gran precio.

TEMOR: YO CONOZCO MEJOR MIS NECESIDADES

La segunda manera en que un hombre puede responder a Dios a base del temor. Esta respuesta dice: *He oído claramente lo que estás diciendo, pero no creo que puedas satisfacer mis necesidades mejor de lo que yo puedo hacerlo.* Como el orgullo, el temor nos lleva a reservarnos el control de ciertas áreas de nuestras vidas y alejarlas de la influencia de Dios. Los resultados pueden ser desastrosos.

La familia de Tomás andaba apretada de dinero. Como les pasa a muchos hombres, la presión por mantener las apariencias le llevaba a gastar más dinero de lo que ganaba. Él sabía que estaba llegando al final del camino financiero, pero al pasarse en los gastos cada mes y ver cómo las cuentas en las tarjetas de crédito llegaban al límite, buscó la manera de salir de esa situación. Sin duda, le molestó en su conciencia el primer mes que infló su informe de gastos, pero lo justificaba diciendo que él trabajaba más duro que todos los demás. Se hizo un experto en alterar los números en los recibos y justificantes, al punto que después de unos pocos meses ya no sabía cómo privarse de ese dinero extra que le llegaba como un ingreso normal. Desafortunadamente (o quizá afortunadamente) para Tomás, uno de los contadores de la empresa se dio cuenta de las irregularidades en sus informes de gastos y su jefe empezó a hacerle preguntas difíciles de responder.

Unos pocos días después Tomás fue despedido por robar a la empresa, otro ejemplo de alguien que pensó que podía tomar los asuntos en sus propias manos porque creía que estaba solo. Su temor de que Dios no podía proveer para sus necesidades le cegó a la más grande de todas las promesas: «Mas buscad primeramente el reino de Dios y su justicia, y todas estas cosas os serán añadidas» (Mateo 6:33). Tomás se olvidó de esta promesa de Dios y lo perdió todo cuando debiera haber creído que Dios sabía muy bien cómo suplir sus necesidades.

Del mismo modo, Antonio encontró una manera de satisfacerse a sí mismo cuando las cosas no iban muy bien en su matrimonio. Después de una fuerte discusión con su esposa, Antonio se fue a dormir al sofá que tenían en la planta baja de la casa, y fue entonces cuando se dio cuenta de la luz que brillaba en la computadora que tenían en la sala de estar. La imagen digital de una chica tan estupenda en bikini en su página de portada le captó la atención, y aquello fue suficiente para encender su motor. Después de un par de búsquedas, pronto se vio frente a una pantalla llena de fotos, aún más atractivas, de mujeres desnudas.

Frustrado sexualmente y peleado con su esposa, en unas pocas noches Antonio aprendió cómo empezar una discusión para siempre terminar durmiendo en la planta baja —que era ahora lo que él en realidad quería. Se volvió al Internet para buscar consuelo cuando su matrimonio no le proveía de lo que él quería. Todo se detuvo de forma estruendosa cuando una noche su hija adolescente bajó a buscar un vaso de agua y le llamó la atención la luz de la computadora de la sala de estar. Se puede imaginar la vergüenza que Antonio experimentó cuando le pilló en el acto de estar satisfaciéndose a sí mismo.

Estos hombres sabían que lo que estaban haciendo era malo. Pero ambos se sintieron impulsados a satisfacer sus necesidades fuera de los planes de Dios. Tomás podía oír las advertencias en su mente cuando amañaba los números, algo acerca de la honradez y una voz interna que decía: *Esto está mal*. Y en cuanto a Antonio, él pasaba de los momentos de la excitación al asco por su nuevo hábito. Podía sentir la batalla espiritual y la presencia del maligno. Pero se hizo dependiente de una sensación y del temor de hablar con sinceridad.

Cuando un hombre teme que puede perder algo —un poco de dinero, la satisfacción del placer, unas relaciones o incluso un trabajo— porque Dios le está llamando a un camino nuevo, lo mejor que él puede hacer es actuar por fe en contra del temor. De esa manera envía un mensaje a Dios, a sí mismo y a otros, que Dios sabe lo que es mejor. Punto final y se acaba la discusión.

FE: ¡TÚ SABES LO QUE ES MEJOR, SEÑOR!

La tercera manera en que un hombre puede responder a Dios es en fe. Esta respuesta está reconociendo sencillamente: *Sí, Señor tú sabes lo que es mejor.*

Exactamente a las 9:04 de la mañana, del 2 de septiembre de 1945, a bordo del acorazado USS *Missouri*, en la bahía de Tokio, terminó oficialmente la Segunda Guerra Mundial. El ministro japonés de Asuntos Exteriores, en nombre del Emperador Hirohito, firmó los documentos que reconocían la rendición total e incondicional a los poderes Aliados. En su función de general en jefe de las fuerza aliadas, el general Douglas MacArthur presidió la ceremonia. Fue una visión tremenda para los pocos afortunados que pudieron estar presentes. MacArthur expresó los sentimientos profundos de todos los presentes al decir: «Es mi deseo más sincero —y el de toda la humanidad— que de esta solemne ocasión surja un mundo mejor de las cenizas del pasado». Si usted sigue la historia, sabe bien lo que surgió de este momento: Un plan de recuperación económico dirigido por los Estados Unidos de América que fomentó la recuperación del Japón de las cenizas de Hiroshima y Nagasaki, permitiéndole llegar a ser una de las naciones más pacíficas y productivas del mundo.

Muchos hombres están insatisfechos en su relación con Dios porque no están dispuestos a abandonar su manera de actuar.

En todos los sentidos, al someterse a la misericordia de las naciones vencedoras le permitió al Japón renovarse, reconstruirse y recuperarse. Pero primero el gobierno y los militares de Japón tuvieron que rendirse, entregar las armas y someterse incondicionalmente. En un sentido, eso es lo que significa nuestra tercera respuesta a Dios. Tiene que ver con la entrega completa de su vida que un hombre hace a su Creador, abandonando todo intento de luchar contra el plan de Dios para su vida y formalmente ponerse en las manos del poder prevaleciente para administrar el plan de renovación y crecimiento. Esta es la respuesta de fe en la persona de Dios, su plan y su proceso. Esta forma de rendición incondicional dice: *Dios, tú sabes lo que es mejor.*

Imagínese a Japón acudiendo a la mesa formal sobre el USS *Missouri* y diciéndole al general MacArthur: «Firmaremos, pero queremos eliminar esa parte de "incondicional". Sin embargo, estaremos de acuerdo en usar la frase "rendidos en su mayor parte"». Eso no hubiera sido aceptable para MacArthur ni para los líderes en Washington, D.C. Ellos habrían rechazado ese abordamiento, lo mismo que Dios.

El primer paso hacia la integridad con Dios es olvidarnos por completo de nuestro propio camino, rendirnos incondicionalmente a sus condiciones, y luego seguir adelante de lleno según su plan. Muchos hombres con los que hablo están insatisfechos en su relación con Dios porque no están dispuestos a abandonar su manera de actuar. Por esa razón la puerta a la integridad y a la intimidad con Él es la respuesta de la fe:

Sin fe es imposible agradar a Dios; porque es necesario que el que se acerca a Dios crea que le hay, y que es galardonador de los que le buscan. (Hebreos 11:6)

Esa es la forma en que empieza la relación con Dios, y es la manera en que esa relación con Dios se mantiene: por fe. En la práctica eso significa que el hombre de Dios debe sencillamente

tomar a Dios en su palabra y dejarle a Él los resultados, basados en quién es Él y lo que Él hizo para ganar nuestra confianza en Cristo.

¿Dice usted que no sabe cómo eso es posible? Nadie expresó mejor esa clase de fe en su vida que Abraham, y haremos bien en estudiar su respuesta a la promesa e instrucción de Dios:

> Por tanto, es por fe, para que sea por gracia, a fin de que la promesa sea firme para toda su descendencia; no solamente para la que es de la ley, sino también para la que es de la fe de Abraham, el cual es padre de todos nosotros…Tampoco dudó, por incredulidad, de la promesa de Dios, sino que se fortaleció en fe, dando gloria a Dios, plenamente convencido de que era también poderoso para hacer todo lo que había prometido; por lo cual también su fe le fue contada por justicia. (Romanos 4:16, 20-22)

Aquí no hay una puerta trasera para escapar. En realidad lo que vemos es a un hombre que hace exactamente lo que Dios todavía quiere ver suceder a diario: Un hombre que sigue el camino del Señor. De manera que la pregunta para usted y para mí es esta: ¿Estamos respondiendo a Dios en fe?

Hace tres años en un retiro para hombres, vi a un hombre decidido a eliminar la vacilación en su caminar con Jesús. Felipe me dijo que él sabía lo que tenía que hacer para llegar a ser un hombre de Dios. Primero, él verbalmente articuló el camino que quería seguir. Después se hizo responsable ante varios hombres y de mí. A partir de aquel día, él empezó a actuar en fe.

«Yo arriesgaba todo por la venta, pero lamentablemente, no arriesgaba nada por mi Salvador».

Felipe lo llevó a cabo uniéndose a un grupo de estudio bíblico de hombres que se reunía antes del trabajo una vez a la semana.

Comenzó a ser fiel en dar sus diezmos. Empezó a invertir conscientemente más tiempo y energía en su matrimonio y su familia. Comenzó a arriesgarse a dejar que se viera su fe en cada conversación que emprendía y a permanecer firme al lado de Cristo. Empezó a arriesgarse en la oración pidiéndole a Dios que le usara en el ministerio. Después de aceptar dirigir un estudio bíblico para parejas en su hogar, los jueves por la noche, se acercó a mí para expresarme su deseo de unirse a Every Man Ministries, lo cual lo llevó a ser parte de la junta directiva. Felipe confiaba en Dios por completo, sin tratar de preservar algo de confianza en sí mismo.

Sonreí orgulloso el día que Felipe se paró delante de doscientos hombres y declaró: «Como hombres nos gusta el riesgo. Nos gusta tener buenos retos: una montaña que escalar, una distancia que viajar. Nos gusta ganar. Nos gusta cómo el ganar nos hace sentir y cómo hace que los demás nos vean. Bien, ese era yo, a mí también me gustaba ganar. Yo arriesgaba todo por la venta, pero lamentablemente, no arriesgaba nada por mi Salvador. Pero ahora, con la ayuda de Dios y el apoyo de ustedes, estoy arriesgando más por Cristo».

¿Es perfecta la fe de Felipe?

No.

¿Está él identificando áreas de cambio, buscando la dirección y plan de Dios, y procurando esos cambios ante Dios y el hombre?

Sí. Está respondiendo a Dios en fe.

Y ese es un lugar excelente para estar.

6

El mito de la coexistencia pacífica

En la película *Braveheart,* unos nerviosos nobles escoceses llevan sus caballos al trote hasta el centro de un vasto campo de batalla. Tienen la esperanza de negociar un acuerdo con los ingleses, cuya caballería, arqueros e infantería aparecen esparcidos a lo ancho del horizonte, listos para atacar. Estos escoceses no tienen ni idea de que sus planes para una coexistencia pacífica quedarán deshechos por el ruido de unos cascos cuando William Wallace y su banda de hombres se meten en la reunión para detener las últimas capitulaciones ante los ingleses.

La iniciativa de Wallace es tan audaz que uno de sus camaradas le pregunta:

—¿A dónde vas?

A lo que Wallace respondió resueltamente:

—Voy a buscar pelea.

Wallace estaba dispuesto a comprometerse él y a sus hombres en una batalla con el fin de romper el círculo de concesiones que tenía esclavizado a los escoceses bajo los ingleses. Después de meterse enérgicamente en las negociaciones. Wallace dictó términos que él sabía que sus enemigos jamás iban a aceptar. Al hacerlo así logró desvanecer para siempre cualquier idea de relacionarse pacíficamente con sus enemigos. La batalla continuó, batalla que los escoceses al final ganaron a pesar de ser inferiores en número.

¿LE GUSTA MEZCLARSE?

En la esfera donde rugen las batallas de fe, un hombre por igual debe buscar una forma audaz para lidiar con las fuerzas que pueden dañar su caminar con Dios. La capitulación solo demora lo inevitable. El verdadero cambio empieza con una nueva perspectiva hacia la batalla espiritual. En vez de verla como algo que esta «allí» y es para otros, debemos hacer que sea una cruzada espiritual personal. Para ser específico, eso significa destruir la idea de que podemos ser un hombre de Dios y acomodar simultáneamente formas antiguas de comportamiento siguiendo el modelo del mundo.

«Ni améis al mundo, ni las cosas que están en el mundo» (1 Juan 2:15). Para este gran apóstol, el mundo representaba todo lo que estuviera fuera de la puerta de su casa: la cultura popular que iba en contra de su fe. De cierto, el mundo tiene una idea diferente de cómo debiéramos vivir. La cultura posmoderna de la actualidad cree que todas las ideas son válidas por igual, que ninguna está equivocada. El camino del mundo ha gravitado siempre hacia ciertas voces que afirman: «Come, bebe y alégrate, que mañana podemos morir».

Todos hemos oído el canto de las sirenas de las creencias que encajan con nuestros gustos, disposiciones, filosofías y estilos de vida. En nuestra cultura somos libres para creer lo que queramos porque, en el nombre de la tolerancia y la diversidad, ningún punto de vista puede descartarse. Y si bien esto puede ayudarnos a que les caigamos bien a los demás y seamos vistos como personas de mente abierta, es un abordamiento peligroso, como irse derecho hacia una costa rocosa donde va a naufragar el barco de nuestra fe.

Antes de su ascensión, Jesús llamó aparte a sus discípulos y les dijo: «Si fuerais del mundo, el mundo amaría lo suyo; pero porque no sois del mundo, antes yo os elegí del mundo, por eso el mundo os aborrece». El mensaje que les dio es el mismo para nosotros: *Mezclarse con el mundo no es la marca distintiva de los seguidores de Cristo.*

Es fácil percibir los valores fundamentales del mundo: dinero y más dinero. Eso es lo que la gente respeta en estos días, y cuando uno tiene dinero, recibe poder. Los medios de comunicación lo buscan, los políticos lo invitan a hablar en el Congreso y lo dan las mejores mesas en los restaurantes. La membresía, como dice la publicidad de la tarjeta de crédito American Express, tiene sus privilegios.

Los que tienen dinero y poder se sientan en las juntas de accionistas de las grandes empresas pensando en cómo sacarle aun más dinero a los ciudadanos comunes y corrientes del mundo. Armados con grandes presupuestos para publicidad y con la cooperación de las grandes estrellas del deporte que anuncian sus productos —¿nos sorprende que Tiger Woods sea el que promueve American Express?—, estas empresas nos engañan y juegan con nosotros. Ellos saben que no es necesario que nos lo endulcen mucho para que sigamos el cebo y compremos todo lo que venden. Apelan a nuestra vanidad, a nuestras inseguridades y a nuestro deseo de que se nos vea mejor que a nuestros compañeros de trabajo y vecinos.

Mezclarse con el mundo no es la marca distintiva de los seguidores de Cristo.

¿Se acuerda usted del auto Mercury Merkur? Probablemente no, dado que estos autos deportivos fueron importados de Alemania solo desde 1985 a 1989, pero gracias a su estilo europeo, y a su motor con turbinas de inyección electrónica de cuatro cilindros, el veloz Merkur se convirtió en un auto muy buscado en la última parte de la década de 1980. ¡Era un auto veloz! Yo necesitaba uno, un Xr4Ti negro, para ser preciso.

Ahora bien, el hecho de que estaba recién casado (con un hijo bebé y viviendo en un apartamento), le puede llevar a pensar que ese no era el auto más conveniente para mí. Pero yo había estado manejando por años un aburrido Chevrolet Celebrity y quería un auto impresionante. Sin duda, encontré un Xr4Ti negro como hecho para mí en un establecimiento de ventas de autos. Chrissy no pudo hacer nada para disuadirme de comprar lo que me estaban vendiendo y que yo ya me lo había vendido a mí mismo.

Veo ahora en retrospectiva lo que hice en aquel tiempo y no paro de mover la cabeza asombrado. Primero, ¡qué imbécil más grande era yo! Yo pensaba que un auto tan llamativo y atractivo como aquel alteraría fundamentalmente mi identidad y felicidad. Segundo, ¡en qué pesadilla financiera me metí! Mi compra impulsiva creó una deuda impulsiva cuando tuve que arreglar y reconstruir ese aparato metálico durante los siguientes cinco años. En aquel tiempo usted podría haber estampado en mi frente una P roja bien grande, que significa «perdedor».

Si esto es lo que el mundo vende, ¿por qué estamos comprando? Y estoy hablando de algo más que de bienes y servicios. Estoy hablando de ceder a comprar en el sistema de valores ciego del mundo, integrando su pensamiento superficial en nuestro caminar cristiano.

Estoy hablando de mezclarnos con ello.

He aconsejado a docenas de hombres cristianos que tienen un buen conocimiento de la cosmovisión mundana, pero carecen de una cosmovisión bíblica. Ricardo no es un hombre de recursos, pero él se siente impulsado a vivir como si los tuviera. Sus circunstancias le llaman a la disciplina financiera, pero su estilo de vida le ha dado una imagen que él quiere conservar. Tiene un auto deportivo caro arrendado, compra en establecimientos lujosos y provee a su esposa con gustos y comodidades que se imaginan que «necesitan». Las circunstancias de Ricardo dicen X, pero él gasta como Y. Su imagen y su realidad sencillamente no casan. Él se siente impulsado a mantener las apariencias a todo costo, y eso solo significa que el mundo lo tiene dominado. Está viviendo en una casa de tarjetas (de crédito) que está destinada a derrumbarse de un momento a otro. A medida que se acumula su montaña de deudas, su fe sufre y su matrimonio se va hundiendo.

¿Por qué? Por la imagen que el mundo le ha dicho que tiene que mantener.

«¿No sabéis que la amistad del mundo es enemistad contra Dios?», nos dice la Biblia. Me doy cuenta que a los hombres no nos gustan esas declaraciones en blanco y negro, pero Dios debe haberlas puesto en la Biblia por una buena razón. Su Palabra también dice: «Cualquiera, pues, que quiera ser amigo del mundo, se constituye enemigo de Dios. ¿O pensáis que la Escritura dice en vano: El Espíritu que él ha hecho morar en nosotros nos anhela celosamente?» (Santiago 4:4-5).

Sin duda, no hay nada ambiguo ahí, y es por eso que decimos que es una verdad absoluta. Es la verdad —no nuestras mezclas— la que nos libera.

CÓMO NOS HACEMOS AMIGOS DEL MUNDO

Pienso que Dios está tratando de ser *muy serio* en cuanto a esto, y eso está bien y es bueno. La coexistencia con los caminos del mundo debiera ser un asunto serio con cualquier hombre que busca a Dios. Esa es la razón por la que necesitamos invertir tiempo de calidad para identificar algunas de las formas casuales que usted y yo usamos para hacernos amigos del mundo a expensas de nuestra relación con Dios.

1. Nos consentimos algunas «desviaciones permisibles» (¡porque nos las merecemos!)

Marcos ya lleva tres años como cristiano. Su camino de fe empezó cuando uno de sus compañeros de trabajo le invitó a él y a su esposa a un concierto promovido por su iglesia. La música tan excelente y el mensaje cautivador que presentó el cantante principal animaron a Marcos a tomar la decisión formal de seguir a Cristo, y al siguiente fin de semana dio testimonio de su fe en Cristo en las aguas del bautismo. ¡Este era un hombre en la jugada! Unos pocos meses después Marcos asistió a un retiro para hombres donde tuve oportunidad de conocerle. Lo vi confirmar su compromiso con Cristo y conectarse con otros hombres cristianos. Lo tenía como un hombre cristiano dedicado y creciente en el evangelio.

Entonces me enteré del fin de semana de la «locura de marzo» de Marcos, su viaje anual al campeonato regional de baloncesto con varios de sus antiguos compañeros de universidad, que, dicho sea de paso, no son cristianos. Animan a su equipo favorito y arman jolgorios con mucha bebida y juerga en general. Nada serio, pero sin duda alguna Marcos deja su cristianismo a la entrada de la barra.

Marcos deja su cristianismo a la entrada de la barra.

Cuando le pregunté acerca de su «fin de semana de locura», Marcos se defendió diciendo:

—Fue solo juntarnos antiguos compañeros de la escuela.

—Me suena como que te estabas emborrachando y quedándote despierto hasta bien tarde…

—Sí, pero es solo un fin de semana al año. Yo lo tengo como un pasatiempo inocente. Créeme, voy bien derecho por el camino el resto del año.

¿Pero es en realidad posible para nosotros tomarnos unas vacaciones lejos de Dios? ¿No es el ser un hombre de Dios un compromiso de cincuenta y dos semanas al año?

2. Conservamos una pequeña parte de nuestra vida en privado (porque eso está también fuera de los límites de Dios)

Pablo, capitán de una línea aérea, se encuentra con un compañero piloto llamado Juan. Su común trasfondo militar —ambos sirvieron en la Infantería de Marina— les daba tema para hablar por horas.

Una vez se encontraron durante un viaje, y Pablo y Juan empezaron a recordar todas las veces que habían sobrevivido a aterrizajes difíciles a lo largo de los años. Su conversación acerca de cuán cerca habían estado de morir le llevó a Juan a preguntar a su nuevo amigo: «Pablo, sabes a dónde vas a ir cuando mueras?».

En realidad él no estaba seguro, y Juan aprovechó la oportunidad para hablarle del evangelio. Después de dos horas, Pablo hizo una oración sencilla de confiar en Cristo como su Salvador.

Aquí es donde la historia se pone bien interesante. Antes de que Pablo se convirtiera a Cristo, trabajar en la industria de las líneas aéreas le brindaba la oportunidad de un campo fértil de ocasiones para divertirse. El ser capitán tenía también sus privilegios: rutas de primera calidad a lugares exóticos, buenos hoteles y tripulaciones de vuelo agotadas que buscaban un poco de entretenimiento después de un largo vuelo. Soltero y disponible, Pablo no vacilaba en disfrutar del bufé de promiscuidad que se le ofrecía.

Pero después de hacerse cristiano, Pablo empezó a conocer lo que Dios esperaba de él en su conducta moral por los mensajes que escuchaba desde el púlpito y por las conferencias de Cumplidores de Promesas. En casa no tenía ningún problema en funcionar conforme a los principios aprendidos. Pero cuando se ponía su uniforme azul oscuro de piloto y empezaba sus viajes de tres días, se convertía de nuevo en el capitán Pablo, el piloto tratado con respeto y atención por las azafatas y el personal de tierra.

El Sr. Hyde de las líneas aéreas siempre flirteaba con las azafatas y se quedaba en los bares que encontraba entre Seattle y Miami hasta que cerraban. También estaba siempre disponible para las mujeres dispuestas. Si bien Pablo había tomado una firme decisión de vivir a la manera de Dios, él racionalizaba que no había problema en disfrutar en privado esa parte de su vida. Le gustaba ser un cristiano en casa, pero también le agradaban las diversiones sexuales cuando estaba de viaje.

Marcos y Pablo eran ambos cristianos. Cada uno de ellos contaminaba su relación con Dios al acomodar —incluso buscar— otros apetitos que van en contra de los planes de Dios para sus vidas. El autor Thomas Watson una vez escribió: «Un hombre puede abstenerse de su pecado y a la vez conservar el amor por él». Lo que quiere decir es que un hombre puede que se comprometa con Dios y deseche las apariencias exteriores que contradigan su fe, pero en lo profundo de su corazón él conserva un amor oculto por su antigua vida.

Puedo imaginarme decirle a Chrissy: «Yo sé que estamos casados y todo eso, pero una vez al año me gustaría irme a la cama con esa secretaria tan atractiva que he visto en la iglesia». No, eso no caería muy bien en nuestra familia. (Me parece que me vería cantando soprano en el coro de la iglesia después de hacer una declaración así).

3. Nosotros solo seguimos nuestros sentimientos (que Dios nos dio, ¿no es cierto?)

Demasiados de nosotros damos por supuesto que podemos atender a nuestros deseos y entonces —con nuestros apetitos temporalmente satisfechos— regresar a la gracia de Dios y no sufrir ninguna consecuencia. Es tonto pensar así, pero ¿cómo si no explica este tipo de comportamiento?

Una amante no es necesariamente el toque suave del cuerpo de una mujer. Para Dios, la amante en la relación de un hombre con Él es el mundo, sus valores y sus prácticas. Cuando Dios ve a un hombre amando las prioridades y prácticas de un mundo impío mientras que dice amarle a Él, ve una aventura adúltera y el pisoteo del amor que Él ha entregado en esas relaciones.

Es una tentación que es difícil de resistir. Nuestro mundo constantemente nos invita a que sigamos a nuestras emociones por encima de nuestra fe:

«Disfrute de la emoción», anima Toyota.

«Goce de este poder absoluto», anuncia Gillette.

«Sus gemidos de placer pueden despertar a sus vecinos», predice Wendy's.

«Sin reglas, a la perfección», proclama Outback Steakhouse.

«Me permite ser como soy», subestima el anuncio de un perfume.

«Quiero escapar», exclama Nissan.

«Algunas elecciones no hay que pensarlas…», dice Honda.

«Nunca fue tan bueno», afirma Sprint.

«Domine el momento», declara MasterCard.

«Nada de límites», sugiere Ford.

«La religión pura y sin mácula delante de Dios el Padre es esta… y guardarse sin mancha del mundo». (Santiago 1:27)

El mundo exalta la imagen por encima de la sustancia, la comodidad por encima del carácter, el capricho por encima de la ética. Confunde el valor de lo que tienes con el valor de lo que eres. Valora más las cosas que las personas. Todas estas prioridades tan ridículas contaminan nuestras relaciones con Dios y con las personas.

«La religión pura y sin mácula delante de Dios el Padre es esta: … y guardarse sin mancha del mundo», dice Santiago 1:27. Así como usted jamás se arriesgaría a propósito a contraer ántrax, un cristiano no puede exponerse voluntariamente al hedonismo, abrazar el narcisismo o practicar el materialismo sin experimentar efectos secundarios muy perjudiciales. Esas actividades son venenosas para nuestras relaciones con Dios. Steve y yo queremos animarle a leer cuidadosamente los siguientes versículos. Deténgase en las frases en cursivas para preguntarle a Dios qué nuevos compromisos quiere Él que usted haga hoy:

No améis al mundo, *ni las cosas que están en el mundo.* Si alguno ama al mundo, el amor del Padre no está en él. Porque todo lo que hay en el mundo, los deseos de la carne, los deseos de los ojos, y la vanagloria de la vida, *no proviene del Padre,* sino del mundo. Y el mundo pasa, y sus deseos; *pero el que hace la voluntad de Dios permanece para siempre.* (1 Juan 2:15-17)

Tres cosas aparecen en este corto pasaje. Se nos advierte, somos confrontados y (lo que es más importante) se nos informa cómo podemos vencer la influencia del mundo en nuestras vidas. ¿Cómo? Desde hoy en adelante, terminamos nuestras relaciones con los caminos del mundo y nos comprometemos a ser fieles socios de Dios en el cumplimiento de su voluntad. Convertirnos en hombres de Dios requiere que escuchemos y hagamos lo que Él nos dice día a día, momento a momento.

Escuche y obedezca

Me siento desgarrado cuando le digo a mi hijo Ryan que si él quiere mostrarme que me ama que me preste atención.

—¿Ryan?

—¿Sí?

—Son las 8:30. Ya es hora de subir a tu cuarto y dedicarte a los negocios. (Esa es la expresión codificada en nuestra familia para ducharse, ponerse el pijama, lavarse los dientes y estar listo para ir a la cama, y yo subiré en diez minutos para orar contigo.)

Diez minutos más tarde lo pillo desnudo y luchando contra un Señor del Sith imaginario con un sable de luz. Le pregunto:

—¿Qué estás haciendo?

Cinco minutos más tarde me lo encuentro con su pijama puesto jugando con su colección de bolígrafos. Le pregunto:

—¿Qué estás haciendo? Ya es hora de ir a la cama.

Diez minutos después le escucho decir:

—Papá, ¿vas a venir a orar conmigo?

Ryan está al fin en la cama. Cuando me siento a su lado, me dice:

—Te quiero mucho, Papá.

Esa es su manera de redirigir la conversación que sabe está a punto de comenzar.

—Gracias por esas palabras, hijo, pero cuando te demoras en escucharme, las palabras ya no significan lo mismo. Cuando Papá te pide que hagas algo y esperas hasta el último minuto para hacerlo, eso no demuestra amor. El prestar atención muestra amor.

Sonrío porque a esa edad tan joven, esa pequeña representación de mí no entiende del todo el concepto de que las palabras no significan mucho a menos que estén apoyadas por las acciones. En el caso de Ryan, eso quiere decir respetar las normas familiares y responder a mi dirección.

Si solo aplicáramos a nuestra relación con Dios lo que conocemos por intuición como padres. Estoy seguro que le exasperamos cuando oímos su voz, pero nos demoramos y arrastramos los pies. «Pues este es el amor a Dios, que guardemos sus mandamientos», nos dice la Biblia. «Y sus mandamientos no son gravosos. Porque todo lo que es nacido de Dios vence al mundo; y esta es la victoria que ha vencido al mundo, nuestra fe» (1 Juan 5:3-4).

MÓNTESE EN ESTE PÉNDULO CON SABIDURÍA

Ir por la vida es como montarse en un péndulo. Si oscilamos más hacia el mundo, nos alejamos más de Dios. Si nos movemos hacia Dios (tomando una decisión consciente de seguirle), entonces nos distanciamos del mundo.

A veces nuestros amigos y compañeros de trabajo quieren mover el péndulo por nosotros. Cuando eso sucede, nos corresponde a nosotros resistir. Si usted está lejos de casa en un viaje de negocios, y un par de amigos de la oficina dicen que se van a un club de *striptease*, ¿qué va a decir? ¿Cómo va a manejar la presión a mezclarse?

Oscilar con el péndulo hacia el Club Muñeca Linda es irse por el camino del mundo. Pero insistir en que usted se va a quedar en el hotel y va a bajar a hacer ejercicio al cuarto de gimnasia es mover el péndulo en la dirección de Dios. Eso es el compromiso práctico en acción.

Encerrarse en su cuarto del hotel para ver uno de esos vídeos por demanda pornográficos es mover el péndulo en la dirección del mundo. Llamar a la recepción del hotel y pedirles que bloqueen esas películas es mover el péndulo en la dirección de Dios.

Cuando estamos de regreso en la oficina y nos llama el jefe para saber cómo va el proyecto, le decimos exactamente la verdad y no embellecemos el informe.

Cuando estamos cansados y sin batería, pero nuestros hijos nos piden que les leamos otra historia más de la Biblia antes de que se apague la luz, nos quedamos con ellos, leemos y oramos.

Cuando pasamos al lado de un montón de ropa recién lavada que está lista para ser distribuida a los diferentes cuartos, nosotros servimos a nuestras esposas cuando recogemos la cesta y llevamos a cabo la tarea.

¿Cómo va a manejar usted la presión a mezclarse?

Cuando vemos a una mujer exhibiendo sus senos en la playa o en la piscina de la comunidad, nos negamos a darle gusto a nuestros ojos. Miramos a otro lado y seguimos adelante.

Cuando las cosas van mal en casa, y un hermano en Cristo nos pregunta: «¿Cómo va todo?», no respondemos diciendo «muy bien», y cambiamos de tema. Compartimos unos pocos detalles y pedimos que oren por nosotros.

Cuando suena la alarma del reloj para levantarnos en la mañana temprano para ir al estudio bíblico, salimos de la cama y nos preparamos para ir.

Cuando las emociones de nuestro cónyuge han estallado antes de que empiece su período, nos mostramos pacientes y comprensivos por enésima vez.

Cuando absolutamente no necesitamos un nuevo auto, una

nueva casa, o un nuevo juego de palos de golf, le damos gracias a Dios por lo que tenemos y le decimos no al impulso de actualizarlo.

Cuando nos enteramos acerca de una necesidad que está dentro de nuestras posibilidades el satisfacerla, hacemos algo para ayudar.

Cuando Dios sigue poniendo a alguien en nuestra mente para que le invitemos a ir a la iglesia o a hablarle acerca del Señor, no tratamos de eliminar ese pensamiento como algo inconveniente. Oramos por la persona y la llamamos para darle seguimiento.

En otras palabras, amar a Dios significa resistir al mundo momento a momento. Es poner a un lado emociones fuertes y tentadoras con el fin de mantenerse obediente. Es poner las necesidades de otras personas por encima de las nuestras para hacer algo o estar en algún lugar. Es elegir la pureza de mente y de cuerpo y ejercer disciplina espiritual que honra a Dios. Es decir no a los impulsos que ponen una prioridad más alta en las cosas materiales que en las personas. Es ser real y sincero en vez de estar solo preservando una imagen. Es dar ánimo y elogio en vez de estar buscando ser nosotros el centro de atención. Es actuar como un niño en nuestra confianza en los caminos de Dios, en oposición a los caminos del mundo. Es tener más en cuenta la opinión de Dios que la opinión de los hombres.

Para ganar a Cristo en nuestras vidas, debemos perder al mundo. No hay tal cosa como la coexistencia pacífica en este campo de batalla. Para perder el mundo, debemos actuar en contra de nuestros temores, escoger la fe por encima de los sentimientos, y estar convencidos de la propuesta de Jesús de que cuando perdemos el mundo le ganamos a Él:

«Porque todo el que quiera salvar su vida, la perderá; y
todo el que pierda su vida por causa de mí, éste la salvará.
Pues ¿qué aprovecha al hombre, si gana todo el mundo, y
se destruye o se pierde a sí mismo?». (Lucas 9:24-25)

Los placeres del mundo son cebos fuertes, tan fuertes que nuestro ser interno suele salir de noche para buscar el éxito. A este ser interior yo le llamo «el espía», el que conoce mejor cada botón de nuestro panel de mando que ningún otro. Aprenderemos más acerca de nuestro espía interno en el siguiente capítulo.

7

El espía interno

A principios de 2001, agentes de la Oficina de Investigación Federal (FBI) arrestaron al más infame de los agentes dobles de la historia del espionaje en Estados Unidos. Por años, Robert Hanssen, un espía dentro del FBI, había estado espiando a favor de la antigua Unión Soviética y después Rusia a cambio de dinero y diamantes. Hanssen había eludido que lo detectaran hasta que el equipo de contraespionaje de la agencia lo observó haciendo una entrega de información secreta a sus contactos rusos a cambio de cincuenta mil dólares. Otros agentes compañeros, que expresaron su horror que una «persona tan religiosa» traicionara a su país, le describieron como la última persona en la que ellos pensarían que haría algo tan traicionero.

Cuando se calmó la tormenta, encontramos que esta persona tan informada del FBI había causado más daño a la seguridad nacional que cualquier otro espía en la historia de los Estados Unidos. Muchos detrás de la cortina de hierro perdieron sus vidas a causa de la traición de este estadounidense, y el «asunto Hanssen» ha comprometido no solo nuestra seguridad nacional sino también nuestra capacidad de recoger información de espionaje por muchos años. Al verlo en retrospectiva, parece que Hanssen usó de manera brillante sus habilidades de contraespionaje, actuando en todo momento como un leal y veterano del FBI, mientras que lograba que nunca se disparara ninguna alarma que llamara la atención a su comportamiento.

El recurso más importante con el que contaba Hanssen era su conocimiento íntimo —desarrollado a lo largo de muchos años—

de cómo funcionaba y trabajaba el FBI. Después del arresto de Hanssen, el director del FBI lamentó que la agencia tendría que seguir una estrategia enteramente nueva en el contraespionaje con «renovada vigilancia y humildad».

DEFINAMOS A SU ESPÍA

Desapercibido. Elusivo. Informado. Preciso. Puntual. Letal.

Todas estas palabras describen a un espía. Él entiende los puntos fuertes, débiles, vulnerabilidades, relaciones clave, las teclas que hacen saltar, tentaciones y carácter de sus enemigos.

A veces, en mi peregrinación con Dios, me siento como si hubiera un espía dentro de mí hurgando en mis pensamientos, sugiriendo cosas que van en contra de los planes de Dios. El espía de Kenny Luck transmite desinformación que confunde y contradice las instrucciones claras de la Palabra de Dios. Mi espía se apodera de mis apetitos y sentidos físicos, estimula la indulgencia cuando el dominio propio sería mejor para mi fe, mi carácter, mi familia y mis amigos.

A veces me siento como si hubiera un espía dentro de mí sugiriendo cosas que van en contra de los planes de Dios.

Veamos un ejemplo: Era temprano un sábado por la mañana, pero yo ya tenía mi gran vaso de café Starbucks, con sabor de vainilla, en mi mano derecha, y eso era todo lo que importaba. La vida me parecía estupenda al saborear cada sorbo de café, dulce y cargado de cafeína, mientras me encaminaba al campo de deportes para ver el partido de fútbol de mi hija.

Cuando llegamos al campo de juego, con mucho cuidado puse mi vaso de café sobre el suelo al lado de la rueda trasera derecha mientras bajaba las sillas y la sombrilla del maletero del auto. De esa manera evitaba que se volcara el café mientras sacaba las cosas del auto. «Cuida de mi café», le recordé a Ryan, dándole una advertencia.

Pero usted conoce la Ley de Murphy: Lo que puede salir mal, va a salir mal. Treinta segundos más tarde Ryan dijo:

—Papá, me parece que vas a querer matarme.

—¿Por qué?

Y entonces vi mi vaso de Starbucks sobre el suelo, nadando en mi café cremoso.

—¡Ay, Ryan! Te pedí que cuidaras de mi café. ¡Eso me costó más de tres dólares! El juego empieza en quince minutos, pero ya no tengo tiempo para volver a Starbucks. No puedo creer que eso haya pasado. ¡Esto es el *colmo*! (Sí, reconozco que soy uno de esos individuos que *tiene* que tomar su café en la mañana).

Y entonces miré a Ryan. Sus ojos se estaban llenando de lágrimas. El chiquito se sentía terriblemente mal. Eso me hizo *a mí* sentirme horrible. ¿Por qué yo hice una escena así solo por un vaso de café?

Eso era porque el espía de Kenny Luck tenía los mandos de control.

PARECE QUE TODOS LO TENEMOS

En mi estudio bíblico de los jueves por la mañana, lo primero que los hombres descubren es que todos tienen alguna clase de espía que trata de desbaratar su misión de estar más cerca de Dios. Un espía que les da palabras cortantes para gritarlas a una esposa asustada. Un espía que se enfurece ante un adolescente rebelde. Un espía que puede entrar a una tienda, elegir algo fino para comprar y decir: «Cárgalo a la tarjeta». Un espía que constantemente quiere que visitemos lugares del Internet lleno de imágenes de mujeres desnudas. Un espía que sueña despierto acerca de lo que sería disfrutar de una aventura amorosa. Un espía que dice: «Sí, hombre, mastúrbate. Te lo mereces».

Leo me invitó a que pasara por su oficina para comer juntos.

—¿Cómo va todo? —le pregunté al cerrar la puerta.

—Kenny, no dejo de pasar con el auto por donde vive esa mujer, con la esperanza de que ella esté afuera.

—¿Qué mujer? —conozco a Leo, y este no se parecía nada a él.

—Es la madre de una de las amigas de mi hija. Está divorciada. Ayer, cuando fui a dejar a Kimberly en su casa para una fiesta de pijamas, ella me invitó a tomarme una Coca Cola.

—¿Y? —presioné.

—Bueno, eso sucedió hace tres días, y desde entonces estoy imaginando escenarios en mi mente acerca de ir allí. Estoy sintiendo esta atracción. Me siento afortunado de haber podido llamarte por teléfono.

Yo diría que el espía de Leo andaba descontrolado, pero al menos él tuvo el buen sentido de buscar ayuda.

Esta experiencia me recuerda a un hombre llamado Carlos que quería un auto Lexus, pero que no podía darse ese lujo. Oiga, a mí también me gustaría tener un Lexus, pero Carlos tiene dificultades cada mes para pagar la hipoteca de la casa, de manera que no veía ninguna forma de que pudiera adquirir un Lexus. Pero en este tiempo de ofertas de cero por ciento de interés en la financiación, un vendedor de autos le hizo una oferta que él no pudo resistir. Carlos es ahora el orgulloso propietario de un auto que no necesita, pagándolo con un dinero que no tiene, para impresionar a personas que no conoce.

También está Diego que no puede apartar sus ojos de unas líneas esbeltas y del chasis bien formado de… las mujeres bellas. Diego ya tiene muchos años de ser cristiano, pero sus ojos nunca pierden la oportunidad de mirar unas piernas bonitas o unos bustos bien desarrollados.

Del mismo modo, cuando Roberto se mete a la ducha, él sabe que está perdido. Primero, tiene que usar champú y jabón. Sabe que ha pasado los últimos quince minutos sentado en el baño, mirando las hojas de revistas llenas de imágenes de mujeres. Parece como que ya tiene que consumar su fantasía. Pasa dos y tres, y se masturba. Es como en sus días de la escuela secundaria, pero ahora tiene treinta y nueve años y es padre de tres.

Otro hombre expresa la situación de esta manera: «Porque lo que hago, no lo entiendo; pues no hago lo que quiero, sino lo que aborrezco, eso hago. Y si lo que no quiero, esto hago, apruebo que la ley es buena. De manera que ya no soy yo quien hace aquello, sino el pecado que mora en mí… Así que, queriendo yo hacer el bien, hallo esta ley: que el *mal está en mí*. Porque según el hombre interior, me deleito en la ley de Dios; pero veo *otra ley en mis miembros*, que se rebela contra la ley de mi mente, y que me lleva cautivo a la ley del pecado que está en mis miembros. ¡Miserable de mí!».

El apóstol Pablo conoció al espía dentro de él, y lo llamó nuestra «naturaleza de pecado».

Lo crea o no, esas palabras fueron escritas hace dos mil años por el apóstol Pablo y las encontramos escritas en Romanos 7:15-17, 21-24. El apóstol Pablo conoció al espía dentro de él, y lo llamó la «naturaleza pecaminosa». El deseo innato de pecar es poderoso y engañoso, dice Pablo, y yo sé bien de qué está hablando. El apóstol dice que cuando él luchaba contra el pecado y en ocasiones caía en él, se sentía usado e impotente. En efecto, se sentía dominado por su espía.

LA META DEL ESPÍA

El primer paso para controlar al espía es saber que usted tiene uno y saber cuál es su meta. Jesús lo identifica para nosotros cuando dice: «el espíritu a la verdad está dispuesto, pero la carne es débil».

Yo sé que el espía de Kenny Luck está integrado en el tejido de mi carácter, de la misma forma que un espía se integra a sí mismo en el tejido de la organización que tiene el propósito de destruir desde dentro. Mi naturaleza de pecado, mi espía espiritual, siempre está intentando conseguir que yo haga algo que no debiera hacer. Cuando lo hago, mi relación con Dios queda afectada, y me siento esclavizado por actitudes que están en oposición a los planes específicos de Dios para mí.

Tomemos como ejemplo el tema de la masturbación. (¿He conseguido ahora su atención?) La palabra *M* llama sin duda la atención de los hombres en todo lugar donde voy. La razón para ello es que la mayoría de los hombres lucha con ese comportamiento en algún momento o en otro. Es un área en la que tienen una alianza no santa con el espía y que nunca recompensa. Muchos se sienten impotentes en cuanto a esta práctica. Otros se sienten después molestos cuando caen en ello. Todos sienten que representa un fracaso. ¿Por qué? Porque el cuerpo (la carne) puede ser más fuerte que la mente. Nos sentimos incapaces de frenar ese comportamiento.

El espía nos tiende una emboscada al hacer que la acción que él quiere que usted haga aparezca justificada, racional, justa, merecida, lógica o placentera para animarle a realizarla. Esa campaña de captación se vuelve aun más difícil de resistir cuando usted oye a los demás decir que «eso no va a perjudicar a nadie»; «se va a sentir mejor después de hacerlo»; «nadie va a saberlo»; «es solo una vez más». El espía sabe cómo tentarle porque él *es* usted, el viejo usted. Él conoce las mentiras que le llevan a caer una y otra vez, y le pinta la solución a la tentación como un auténtico bálsamo. El apóstol Santiago usa un término de la pesca para describir cómo nos engaña el espía: «Cada uno es tentado, cuando de su propia concupiscencia es atraído y seducido» (Santiago 1:14).

Un cebo es algo que se supone se parece a lo que es real y auténtico, pero en realidad es un anzuelo para atrapar a la presa. Un pez sabio ve el engaño, ve el anzuelo y se aleja nadando. Para saber hacer eso, tenemos que conocer cómo trabaja el espía, o de lo contrario vamos a morder el anzuelo, nos arrastrará a la orilla y pronto nos convertiremos en el almuerzo de un astuto predador.

Un amigo me dijo que Alan se estaba divorciando de Karen. Llamé de inmediato a Alan y le pregunté si nos podíamos reunir para hablar. Cuando lo hicimos, las primeras palabras que salieron de su boca, fueron:

—Yo no soy como tú, Kenny —luego siguió diciendo—: No conoces toda la situación.

Moví mi cabeza.

—¿De verdad? ¿Te puedo decir lo que yo sé, hermano?

Alan quiso decir algo, pero yo seguí hablando:

Creo que estás tirando por la ventana a tu esposa después de quince años de un buen matrimonio. En cuestión de tres meses, ella ha pasado de ser lo mejor que había pasado en tu vida a convertirse en Cruela de Vil. ¡Qué bien para ti *y* para tu nueva amiga!

¡Directo al blanco!

—Esto es lo mejor para mí *y* para ella —respondió Alan en tono defensivo.

—Tienes toda la razón, Alan. Tienes que gozar del sexo con una bella mujer que tiene la mitad de años que tú. No tienes que cambiar ni crecer. Y no tienes que preocuparte de la responsabilidad diaria de criar a los niños. Supongo que puedes retener la torta y comértela también.

Alan no quería que habláramos después de eso. Dijo entre dientes algo como que iba a «pensar» acerca de lo que yo había dicho, pero yo podía ver que sus oídos estaban taponados con bolas de algodón. De no ser así ¿cómo explicar que un hombre pase de ser una persona dedicada a Dios, a su esposa e hijos para convertirse en un esposo divorciado que paga el sostenimiento de su ex esposa, que vive en un apartamento de un solo cuarto y lucha para recuperarse? Él creyó al espía interno (la naturaleza de pecado) que le mintió al decirle: *Vas a ser más feliz sin esa esposa envejecida. El plan de Dios para ti no es vivir sujeto a un matrimonio miserable. Esa mujer es una bruja. No te preocupes. Los niños no tardarán en comprender, y tú ganas suficiente dinero para mantenerlos. La vida es demasiado corta como para no resolver este problema mientras que puedas hacerlo.*

Cuando mordió ese anzuelo bien encebado, Alan no sabía que estaba a punto de convertirse en basura de estanque. Ya no volvería a nadar en un arroyo de agua clara, limpia y fresca; a partir de ahora su vida se estancaría en una piscina de promesas y corazones quebrantados. Pero esa era la meta del espía durante todo ese tiempo.

Debemos prepararnos para esos momentos exactos cuando el espía nos ofrece el anzuelo bien encebado.

Sea que actúa como agente secreto o como agente doble, la existencia del espía cuelga de una sola percha: permanecer oculto. Toda su misión queda comprometida cuando su principal recurso queda comprometido: su identidad secreta. De mi propia experiencia, puedo ganarle al espía de Kenny Luck cuando de continuo reconozco su existencia, le persigo diligentemente, le saco a la luz y me esfuerzo por dominarlo sin cesar. Todavía siento la oscura tentación a pecar, increpar o abandonar el control sobre mi naturaleza de pecado, pero al menos mi mente es más consciente de lo que está sucediendo y mi compromiso con Dios a ser uno de sus hombres me lleva a victorias más frecuentes.

Debemos prepararnos para esos momentos exactos cuando el espía nos ofrece el anzuelo bien encebado. En especial, debemos trabajar con algo que yo llamo el Plan de llamamiento de Dios.

¿Esta listo para su nuevo plan de llamadas?

A veces, al final de un largo día, Chrissy y yo nos quedamos dormidos en el sofá de la sala de estar. Casi siempre nos despertamos durante el monólogo de Jay Leno, y ella se va a la cama. En cuanto a mí, ese breve descanso me despabila por un rato. Estoy despierto y por lo general hambriento. Me gusta prepararme un plato de nachos y luego me dedico a pasar los canales de la televisión hasta que llego al Canal de la Historia que es mi favorito.

Una noche mientras andaba pasando los canales, llegué a uno de esos informes comerciales que anuncia videos de chicas universitarias quitándose la ropa. *¡Pum!* Ahí sale el cebo de *Me parece que puedo ver esto un rato. Todos están durmiendo.*

Excepto que algo interesante sucedió esa noche. Gracias a estar enseñando a otros hombres acerca de ese tema, sabía que era mi espía el que me lo estaba susurrando al oído. Sin pensarlo dos veces, dije en voz alta: «¡Mentira!», y apagué el televisor.

Aquella noche fue algo grande para mí. Pensé que estaba manteniendo encerrado al espía en su agujero, pero en cuanto le doy una oportunidad de interrumpir mi vida y tentarme, no vacila. Esa es la razón por la que no vacilé en cambiar el canal de televisión.

He aprendido que el primer paso para derrotar al espía que llevo dentro es encarar verbalmente lo que la carne quiere lograr. En este caso, yo sabía que la idea de acomodarme y ponerme a mirar aquellos comerciales sexy procedía de mi espía interior, de manera que lo rechacé rápida y enérgicamente. Puede que le resulte chistoso, pero funciona para mí. En otras situaciones, puede que diga cosas como: «Lo siento, ese no es el plan de Dios» o «Explica eso a Jesús» o «Eso no me va a ayudar en nada».

Lo que quiero decir es que cuando somos tentados a satisfacer un apetito, tenemos que recordar que no es más que un engaño.

Muchos hombres son muy descuidados en estas cosas, de manera que se quedan por allí dando vueltas dos y tres veces alrededor del anzuelo encebado. Cuanto más tardamos en encarar aquel engaño, tanto más poder va adquiriendo en nuestra vida. Eso puede ser fatal. Usted no quiere entretenerse mucho allí cuando el espía está pasando el cebo por delante de su nariz. De nuevo, llámelo por su verdadero nombre: un engaño, una tentación al pecado, una atracción a morder y morir. Recuerde: «Engañosos [son] los besos del enemigo» (Proverbios 27:6, Biblia de las Américas), pero decir la verdad hace que el espía salga a la luz.

He encontrado que la única manera eficaz para mí de lidiar con los cantos de sirena del espía es luchar. Me tengo que poner en plan de boxeador y propinarle a mi oponente unos cuantos buenos golpes para hacerle perder el equilibrio. Después de llamarlo por su nombre, cito versículos de las Escrituras.

Ese es el plan de llamadas de Dios.

Recuerdo una vez cuando Chrissy y yo caímos en una de esas discusiones bien calientes, y de repente empezó a salir fuego de mi boca. *¡Caramba, para un poco, hombre!* Decidí sacar la basura para darme una pausa. Una vez en el patio susurré el versículo: «Todo hombre sea pronto para oír, tardo para hablar, tardo para airarse» (Santiago 1:19), y lo repetí tres o cuatro veces antes de volver a entrar. Eso fue como echarle agua al fuego. Pedí disculpas por mi comportamiento y Chrissy y yo pudimos sentarnos a hablar de una forma más productiva. A todos nos pasan cosas así, ¿no es cierto?

Cuando estoy en la ducha, he encontrado que me ayuda recitar las Escrituras, tales como: «Andad en el Espíritu, y no satisfagáis los deseos de la carne» (Gálatas 5:16). Cuando me llega la tentación de mirar el escote profundo de una mujer, me repito el acuerdo que he hecho con Dios: «Hice pacto con mis ojos» (Job 31:1). Cuando Chrissy me pregunta qué voy a hacer con las cositas tan olorosas y desagradables que deja el perro en el patio, me citó las palabras de Jesús en Mateo 20:28: «Como el Hijo del Hombre no vino para ser servido, sino para servir».

He visto muchas veces que citar las Escrituras me lanza más allá de la tentación y evita el resbalón que mi espía está tratando de provocar en mí. El Salmo 37:30-31 dice (con cursivas añadidas): «La boca del justo *habla sabiduría*, y su lengua habla justicia. La ley de Dios está en su corazón; por tanto, sus pies no *resbalarán*».

El hombre de Dios menciona las Escrituras en sus retos diarios para protegerse específicamente de resbalar. Mantenerse en silencio mantiene la lucha en los callejones de nuestra mente, pero citar activamente las Escrituras reemplaza la tentación con el plan de Dios, y nos guía directo a la siguiente parte de nuestro plan de llamadas.

RESPALDE EL PLAN CON ORACIÓN

Añadir la potencia de fuego de la oración es *llamar a Dios mismo*. Para mí, esto es como atar de pies y manos al espía y hacer aquello que me proporciona la visibilidad que necesito. Cuando se me puede ver se me puede rescatar, y la oración es mi luz de señal a Dios. Esto es especialmente de gran ayuda cuando las situaciones que me tientan a actuar no se resuelven rápidamente.

Resulta difícil pecar y orar al mismo tiempo.

Nada me estremece más las emociones que cuando Chrissy y yo estamos peleados por alguna cosa, y no soy capaz de explicarme bien, o ella no entiende lo que estoy tratando de decir. ¿Aclaro mi punto de nuevo? ¿Empiezo desde el principio? ¿Cedo y pido disculpas? ¿Qué hago con todo el enojo, la frustración y el sentimiento de culpa que siento por dentro? He aprendido por experiencia que el espía siempre me sugiere el camino equivocado. Puede que tenga éxito en defenderme sin explotar, pero eso no quiere decir que se ha terminado todo.

—Te dije la semana pasada que la cena de los entrenadores es esta semana.

—No, no me lo dijiste —contesta Chrissy—. Recuerdo específicamente que yo te dije que el jueves por la noche era el cumpleaños de Tina, y que todas las chicas íbamos a salir con ella.

—¡Tú nunca me dijiste a mí eso! ¿Cuándo me dijiste eso?

—¿Llamo a Donna a decirle que siga adelante con el plan pero sin mí?

El espía dentro de mí me dice: «Sí, tú quizá debes llamar a Donna». Pero un esposo con un corazón de siervo dice: «Yo puedo llamar a Greg más tarde esta noche y quizá él me puede informar sobre lo que pasó en la cena de los entrenadores».

Las fuerzas emocionales, mentales y espirituales que están en juego hay que manejarlas y dirigirlas en una forma saludable. Ese es el momento cuando empiezo a abrirme a Dios movido por mi necesidad y oro: *Señor Jesucristo, ten misericordia de mí*, o *Hijo del Hombre, ten misericordia de mí*. Envío esas señales luminosas a Dios porque, para mí, *resulta difícil pecar y orar al mismo tiempo*.

Dios está esperando que lo llames a Él: «Cercano está Jehová a todos los que le invocan, a todos los que le invocan de veras», nos asegura el salmista. «Cumplirá el deseo de los que le temen; oirá asimismo el clamor de ellos, y los salvará» (Salmo 145:18-19).

Si nosotros llamamos a aquel que está esperando para oírnos, el espía no tiene ninguna posibilidad de ganar.

8

¿Le está dando lugar al diablo?

La invasión se convertiría en el ataque militar más grande de la historia humana. La Operación Overlord, una campaña militar anfibia masiva tenía un objetivo: Lograr establecerse. Unas playas con los nombres codificados Omaha, Utah, Gold y Juno serían los puntos de desembarco para las fuerzas aliadas, que volcarían allí hombres y material con la esperanza de romper el dominio nazi en la fortaleza europea.

Al tiempo que los barcos que llevaban las tropas de desembarco se adentraban en el Canal de la Mancha dirigiéndose a las costas de Normandía, miles de hombres comunes estaban buscando el valor para hacer un asalto directo —en contra del enemigo y de sus propios temores— a fin de definir el verdadero valor. ¿Quién puede culparlos por salpicar sus botas con el desayuno?

Cuanto más se acercaban las lanchas de desembarco a la costa, tanto más los bombardeaba la artillería nazi. Había llegado la hora. Cuando bajaron las rampas de las lanchas de desembarco Higgins, los jóvenes soldados se enfrentaron a una cortina de fuego tan severa que varias de las lanchas no pudieron llevar ni un solo hombre a la playa. Los soldados nazis, apostados con ametralladoras pesadas en búnkeres de cemento, mataban a placer; pero no obstante, ola tras ola de soldados estadounidenses continuaban llegando a las playas. El caos, el terror, la confusión, el ruido ensordecedor y la muerte caían como una lluvia sin cesar en aquella fría mañana de junio, pero los estadounidenses siguieron adelante. Para cada hombre presente, Normandía era una batalla sin posibilidad de retroceso. No cesarían hasta apoderarse de las playas.

Después de horas de algunas de las luchas más intensas en la guerra moderna, las fuerzas aliadas habían asegurado un lugar de apoyo firme. Una vez que la cabeza de playa había sido establecida, los planificadores de la logística transformaron aquellas playas en los puertos de guerra más grandes que jamás se habían visto. Cientos de barcos empezaron a desembarcar, sin parar, tropas, tractores, *jeeps*, tanques, alimentos, recursos médicos, equipos de comunicaciones, armas y municiones. Toneladas de pertrechos y suministros empezaron a llenar las playas para luchar contra el ejército alemán que tenía ocupada Francia.

«Ni deis lugar al diablo». (Efesios 4:27)

A continuación de la invasión del día D, las fuerzas de los Estados Unidos, bajo el mando del general Omar Bradley, siguieron avanzando frente a una tremenda oposición y a través de un terreno fácil de defender hasta que lograron apoderarse del centro vital de comunicaciones de Saint-Lo, separando en dos al ejército alemán comandado por el mariscal de campo Erwin Rommel. Entonces el comandante supremo de los aliados, Dwight D. Eisenhower, lanzó al ataque al tercer ejército comandado por el general Patton, que logró pasar por el flanco izquierdo del enemigo. Patton estaba en camino hacia París, liberando Francia de cuatro años de ocupación alemana.

Muchos consideran el día D, el 6 de junio de 1944, como el «día más largo»; un día que va a permanecer para siempre no solo como un momento decisivo en la guerra, sino también en la historia humana. Aquellos puntos de apoyo firmes a lo largo de la costa de Francia demostraron ser clave para asegurar la libertad de millones de personas en todo un continente al quedar liberados de la opresión nazi.

Al trabajar con hombres, he visto cómo abandonar ciertas cabezas de playa —puntos espirituales de apoyo firme— determina nuestro destino espiritual una y otra vez. Estos puntos de apoyo firmes son las áreas pequeñas pero estratégicas de la vida de un hombre que, o bien lo mantienen bajo la tiranía del mundo —la carne y el diablo—, o lo liberan espiritualmente para alcanzar el siguiente nivel. El control de esas cabezas de playa es clave, y por esa razón la Biblia nos advierte: «Ni deis lugar al diablo» (Efesios 4:27).

ABANDONAR UN PUNTO DE APOYO PRINCIPAL

Jeremías suele decir que su fe es lo más importante para él. Y si usted examinara todas las evidencias visibles, su vida parecería coherente con esa afirmación. Es un miembro activo de la iglesia, se ha unido con su esposa a un estudio bíblico para parejas, y sirve con sus hijos en el ministerio de la iglesia para los estudiantes de secundaria. Organizó el desayuno de oración de los hombres del año pasado, que fue un gran éxito, y dirige a un grupo pequeño de hombres en el estudio bíblico en la casa. Los que conocen a Jeremías dirían que él tiene muy buena relación con Dios; pero la realidad es que está a punto de perderlo todo porque tiene un pésimo punto de apoyo.

Por años, Jeremías ha permitido que sus ojos se alimenten de cuerpos de mujeres. Jeremías es lo que los alcohólicos llamarían un sorbedor. No tiene escondidas en el sótano un montón de revistas de *Playboy*, pero sus ojos nunca cesan de mirar cada vez que tiene mujeres a su alrededor. No hay bikini, blusa escotada, mini sujetador, falda corta, ombligo al aire, pantalón ajustado que escape a sus ojos buscadores. Él se refiere a esos bombones como «caramelos visuales». No tiene por qué no examinar el menú, aunque no vaya a pedir nada. Además, él asegura que está a prueba de toda aventura, porque ama a su esposa e hijos y es un cristiano. Fin de la discusión.

Lo que Jeremías nunca anticipó es que alguien le estuviera mirando a él, pero sucedió. Nunca pensó que ella sería tan atractiva, pero lo era. Nunca pensó que ella tendría tantas cosas en común con él, pero ella era su gemelo femenino. Nunca pensó que su ataque vendría mientras estaba lejos en una convención, pero así pasó. Nunca pensó que decirle a ella dónde se hospedaba significaba algo, pero ella tomó notas mentales. Nunca anticipó la llamada telefónica que vendría después invitándole a ir al cuarto de ella, un piso más abajo, para tomar juntos una copa. Nunca anticipó encontrarse con una mujer tan dispuesta a irse a la cama con él, pero ella lo estaba.

Él nunca se imaginó que estuviera tan mal preparado para defender la cabeza de playa de su corazón.

¿CÓMO SUCEDE ESO?

Todo comenzó cuando le permitió a una mujer hermosa ganar un punto firme al devolver su larga mirada. Comprenda, la única diferencia entre la guerra espiritual y la guerra real es el derramamiento de sangre. Pero de todas formas se destruyen vidas.

Satanás está detrás de esos ataques, y él es un experto en operaciones de reconocimiento, contraespionaje y desinformación. Si le damos una media oportunidad, él puede explotar un punto de apoyo y dominar rápidamente al oponente. Cuando un hombre le da solo una pequeña porción de la vida para trabajar con ella (como los caramelos visuales de Jeremías), él va a empezar a preparar sus fuerzas para meterlas por la brecha y conquistar el territorio.

Para el asalto a la primera cabeza de playa, Satanás procura obtener el dominio de la mente, no del comportamiento. Si Satanás puede conseguir que un hombre como Jeremías ceda un punto de apoyo mental, puede llegar a dominar toda la vida de ese hombre de una forma planeada y metódica. Una vez que se ha afirmado la primera mentira *(te está mirando porque eres alguien especial),* Satanás puede introducir más mentiras en la mente del hombre para debilitar más su carácter y hacer que esté desprevenido para una invasión completa.

Después que Satanás ha asegurado el punto de apoyo mental, concentra toda la energía posible para consolidar ese punto de apoyo con una vinculación emocional o física. En el caso de Jeremías, el acto físico de alimentarse visualmente de mujeres tuvo una consecuencia directa; eso le llevó, al final, a la vinculación física y emocional. Con cada ataque mental, Satanás invierte más poder en la emboscada de manera que la tentación parece irresistible y su presa sucumbe a ella. En la situación de Jeremías, él estaba apretando su propio lazo sin saberlo.

Considere otros puntos de apoyo firmes comunes para muchos hombres a los que les doy consejo:

David racionaliza su hábito de gastar más dinero que el que gana. *Punto de apoyo.*

Gerardo cree que ofrendar al Reino de Dios es opcional. *Punto de apoyo.*

Manuel, un pastor, cree que aconsejar a mujeres a solas en su oficina está bien. *Punto de apoyo.*

Mateo usa habitualmente el temor para controlar a su esposa e hijos. *Punto de apoyo.*

Emilio infla su desempeño en ciertas cuentas para darle buena impresión a su gerente. *Punto de apoyo.*

Juan viaja cuatro días por semana porque no quiere perder su posición en el club presidencial, pero su esposa e hijos sufren las consecuencias. *Punto de apoyo.*

Paco tiene resentimiento contra su esposa porque ella pocas veces responde a sus sugerencias sexuales. *Punto de apoyo.*

Agustín ha desarrollado su propia teología sobre la bebida: Si se emborracha solo ocasionalmente, no es un problema. *Punto de apoyo.*

Máximo no lo piensa dos veces para hojear las revistas para hombres como *Playboy* en las librerías. *Punto de apoyo.*

Gregorio no ve nada malo en alquilar videos, a pesar de que sabe que tienen escenas sexuales. *Punto de apoyo.*

Jorge cree en un Dios personal, pero se burla de los que afirman que Satanás existe. *Punto de apoyo.*

De todos los puntos de apoyo firmes quizá el último es la estratagema que Satanás usa con más astucia: ¡Que él ni siquiera existe! Y nunca ha tenido más éxito que hoy. Quiero decir, ¿por qué prepararse usted para la tentación cuando cree que nadie le va a tentar?

El hombre moderno dice: «¿El diablo? ¡Usted no puede hablar en serio!». Y en nuestros intentos equivocados de mezclarnos con los demás, permitimos que esa forma de pensar cambie a hombres bien aguerridos en la batalla en hombres flojos, perezosos y tibios, cuyo compromiso espiritual con Dios no tiene más firmeza que un flan. En esas situaciones lo mejor es ir a la fuente, y la fuente —la Palabra de Dios— nos enseña que creer en un Dios personal significa también creer en un diablo personal. Cristo Jesús sin duda creyó en él. El Hijo del Hombre identificó a Satanás como el «padre de mentira» y como el ladrón cuya misión es «matar y destruir» (Juan 8:44; 10:10).

**El hombre moderno dice: «¿El diablo?
¡Usted no puede hablar en serio!»**

Con la excepción del último ejemplo acerca de Jorge, darle a Satanás un punto de apoyo firme significa aceptar una mentira o hacer algo que usted sabe intuitivamente que es malo. Cuando eso sucede, usted le está dando a Satanás una oportunidad clara para que le lleve a su propia muerte. Cuando un hombre cede voluntariamente terreno estratégico a su enemigo mortal, Satanás sigue avanzando con codicia y al final termina neutralizando la habilidad de un hombre para servir en el Reino de Dios. El enemigo quiere conservar su punto de apoyo firme en nuestras vidas, porque sabe que si lo pierde, va a perder su influencia, y la marcha de la guerra se va a volver en su contra. Se verá forzado a evacuar su espacio.

Como hombres que queremos seguir la misión y el estilo de vida de Cristo Jesús, no debemos permitirle a Satanás que gane ningún punto de apoyo firme que corte el poder y los planes de Dios para nuestra vida. Stephen Ambrose, el famoso historiador de la Segunda Guerra Mundial, se hizo eco de las palabras de Abraham Lincoln cuando habló de cómo los individuos se sacrifican a sí mismos con su «última y plena medida de devoción».

Eso es exactamente lo que se requiere para recuperar un punto de apoyo firme en nuestras vidas para Dios.

RECUPEREMOS ESOS PUNTOS DE APOYO FIRMES

¿Cómo podemos hacer eso? Ánimo, tenemos ayuda: El Espíritu Santo. Si le buscamos, Él promete darnos fuerzas suficientes para permanecer firmes en contra de esos malos deseos. (Hablaremos de esto con más detalle en el capítulo 13). Levantarnos en contra del enemigo significa hacer tres cosas:

1. Reconocer al merodeador. Satanás está merodeando a nuestro alrededor. Según el apóstol Pedro «el diablo, como león rugiente, anda alrededor buscando a quien devorar» (1 Pedro 5:8).

2. Comprender nuestra necesidad. Debemos buscar la ayuda divina. La Biblia dice: «Pero él nos da mayor ayuda con su gracia. Por eso dice la Escritura: "Dios resiste a los orgullosos, pero da gracia a los humildes". Así que sométanse a Dios» (Santiago 4:6-7, NVI).

3. Resistir los asaltos. Esto quiere decir que lo que necesitamos hacer es permitirle a Dios que entre con su poder en toda situación de tentación que se presente. Sacamos la basura. Nos alejamos. Llamamos por teléfono. Leemos las Escrituras y oramos. Esta clase de guerra espiritual preventiva es práctica y da resultado. «Resistan al diablo, y él huirá de ustedes» (Santiago 4:7, NVI).

Lo definitivo: Si Satanás está huyendo de usted, tenga la seguridad de que no está ganando un punto de apoyo firme. Así es como sucedió con Jaime.

Jaime permanecía tranquilo y silencioso mientras los otros participantes hablaban de sus demonios particulares. Tres de los cinco describían como ellos lidiaban constantemente con la lujuria, lo que hizo que Jaime se sintiera un poco menos temeroso acerca de la bomba de revelación personal que estaba a punto de dejar caer.

«Resistan al diablo, y él huirá de ustedes». (Santiago 4:7)

Antes de reunirse con nosotros, sin embargo, él se despertó temprano, y en la quietud de la mañana, se sentó en su rincón favorito para abrir su Biblia. Su lectura para ese día tenía que ver con cómo ser un buen soldado de Cristo Jesús. Un versículo en particular le llamó la atención: «Así que, si alguno se limpia de estas cosas, será instrumento para honra, santificado, útil al Señor, y dispuesto para toda buena obra» (2 Timoteo 2:21).

Al leer cada parte de este versículo, Jaime pudo sentir como los ojos se le llenaban de lágrimas, pues Dios le estaba hablando directamente a él. Volvió a leer ese versículo cuatro o cinco veces y empezó a hablarle espontáneamente a Dios acerca de su problema con la pornografía y su deseo de limpiarse y ser útil para Dios.

Justo el día anterior, Jaime estaba metido en el Internet, en el trabajo, visitando lugares sexualmente explícitos de la Web cuando su secretaria lo sorprendió. Gracias a Dios, ella llamó a la puerta antes de entrar, y él pudo cerrar aquella ventana a tiempo. Aquella experiencia, combinada con la lectura del pasaje de 2 Timoteo, selló su decisión de hacer un cambio completo. Jaime le anunció al grupo que, empezando ese día, había llegado el momento de recuperar el punto de apoyo firme que había perdido ante Satanás. Buscaba y deseaba nuestra ayuda y apoyo para vencer su problema con la pornografía. «Quiero ser alguien quien Dios puede usar», declaró.

Muchos de los hombres con los que hablo juegan con el pecado. Hablan acerca de ello con generalidades, y saben cómo hilvanar una conversación para parecer espirituales, pero al mismo tiempo son cuidadosos en no revelar nada acerca de dónde están realmente viviendo. La razón por la que estoy contando la experiencia de Jaime es sencilla: Para nueve de cada diez hombres, la lujuria, la pornografía y la fantasía sexual son sus principales razones para desconectarse de Dios. Son los puntos de apoyo más difíciles de reconquistar, y Satanás trabaja todo el tiempo extra necesario para mantenernos en la esclavitud a ellos.

Siempre que decidimos revelar con candidez la plena verdad acerca del pecado sexual, Satanás nos bombardea con el temor porque él quiere con desesperación que nuestro pecado privado se mantenga desconocido para los demás. Lo menos que él quiere es que nuestras transgresiones sexuales salgan de la oscuridad y sean expuestas a la luz. Exponer estos puntos de apoyo fuertes del enemigo en estas áreas —o en cualquier otra de las que he descrito— es el equivalente a una invasión espiritual día D de los dominios de Satanás. Él va a echar mano de todos los recursos a su disposición para que usted ni siquiera llegue a la playa, y usted se va a sentir como que si todas las fuerzas del infierno le estuvieran atacando. Cuando eso sucede, es una señal para usted, un hombre de Dios, que está a punto de romper las líneas del enemigo.

Jaime se aprovechó de una pausa en la conversación. Me di cuenta que su cara estaba roja. Más tarde me dijo que su corazón estaba saltando dentro de su pecho y que estaba haciendo todo lo que podía para evitar echarse a llorar antes de empezar a hablar. Esa fue la pausa más larga de su vida.

Inmediatamente, los hombres alrededor de Jaime expresaron compasión, porque cada uno de ellos sabía con exactitud de qué estaba él hablando.

«No he hablado con nadie acerca de esto antes de ahora», empezó diciendo. «Estaba leyendo la Biblia antes de venir aquí, y leí un versículo que penetró directamente en mi corazón como una espada. Era 2 Timoteo 2:21, y habla de ser un instrumento de honra, santificado, que Dios pueda usar. Hermanos, tengo una confesión que hacer. Yo no he sido puro».

Entonces Jaime siguió hablando acerca del punto fuerte sexual que había cedido al enemigo. Sacó a la luz su deseo de entrar a sitios de la Web de contenido sexual. Reconoció con sinceridad que era un problema suyo, y pidió la ayuda de todos para cambiar. Inmediatamente, los hombres alrededor de Jaime expresaron compasión, porque cada uno de ellos sabía con exactitud de qué estaba él hablando. De hecho, expresaron admiración por Jaime porque él fue el primero en admitir cosas específicas. Este derramamiento de ayuda y apoyo fue algo digno de verse.

Esa mañana, Daniel, un amigo de Jaime, sacó una hoja de papel y trazó un cuadro de la semana y pidió a los presentes que se ofrecieran para llamar de forma rápida a Jaime al trabajo para interesarse en cómo le iba. Otro hermano le preguntó a Jaime acerca de su computadora en casa y le dio el nombre de una empresa de Internet, Clean Web, que filtra cualquier material explícito al nivel del servidor. Después Pablo culminó la reunión pidiendo a los presentes que extendieran su mano sobre los hombros de Jaime para tender sobre él una capa de oración para protección de su vida y su mente.

Al igual que en el día D, el enemigo estaba en completa retirada en esa mañana porque Jaime se arrepintió y resistió con valor. *Él hizo lo que solo él podía hacer a fin de permitirle a Dios hacer lo que solo Dios podía hacer.* Aunque muchas batallas quedaban todavía por ser libradas, Jaime se dio cuenta que recuperar aquella cabeza de playa había sido un momento fundamental en su camino para ser un hombre de Dios. Él había conseguido recuperar aquel punto de apoyo firme para su integridad sexual.

Sin embargo, cuando usted sale de las lanchas de desembarco, no puede ir medio convencido o a paso lento. Hacer eso hubiera sido equivalente a escribir su propio certificado de defunción. No obstante, eso es lo que hacen muchos soldados en el ejército de Dios, como veremos en el siguiente capítulo.

9

¿Es usted un hombre 80/20?

En la popular comedia de la televisión *Everybody Loves Raymond*, Ray Romano desempeña el papel de Ray Barone, el hombre que a uno le gusta amar y también tenerle lástima porque el pobre organiza líos con más rapidez que capacidad tiene para deshacerlos. La comedia es tan popular porque tiene una apelación universal: Ray es una criatura de sus apetitos y un esclavo de sus sentimientos. Cada lunes por la noche, la singular habilidad de Ray para ser medio burro y meterse en problemas le crea siempre dificultades con su esposa, o con un miembro de la familia, o con el último antagonista que aparece en escena.

La trama de la obra es sencilla y eficaz. Ray o (a) habla demasiado, (b) mete la nariz donde no le corresponde, (c) actúa impulsivamente, (d) responde de forma infantil a un desafío, o (e) sigue el consejo de la persona equivocada. Vista la comedia en general, él mete la pata y tropieza para tapar sus faltas, o ayuda a alguien a hacerlo.

Los mejores momentos son cuando Debra, la esposa de Ray, se enfrenta a Marie, la madre de Ray, que vive en la casa de enfrente en la misma calle. Usted puede estar seguro de que se pone a prueba la lealtad de Ray en esos episodios. Su mamá es la clásica entrometida. Todavía muy inclinada a hablar de «mi Raymond», Marie se mete demasiado en los asuntos matrimoniales de Ray e interfiere en la capacidad de Debra de ser la ayuda y compañera de Ray. Marie no ha dejado sus instintos protectores, pertenece a la vieja escuela en cuanto a la moral, y no conoce límites en lo relacionado a entrometerse en manipular el matrimonio de su hijo.

En una escena retrospectiva, Marie llega a enterarse de los planes de Raymond de consumar su relación amorosa con Debra antes de estar legalmente casados. En un momento clásico, justo cuando Ray y Debra empiezan a acariciarse y besarse en el sofá del apartamento de Debra, hay una presagiosa llamada a la puerta. Resulta que la que llama es Marie que tenía una «cazuela extra de lasaña» cociéndose en su horno y pensó que sería lindo llevárselo a Debra y Ray para que lo disfruten.

Junto con la mamá aparecen también dos hambrientos Barones (el papá y el hermano de Ray) así como el sacerdote de la familia por si fuera necesario. Atrapados con las manos en la masa, por así decirlo, y avergonzados e incómodos, la joven pareja invita a todos a que pasen y se sienten en la sala de estar del pequeño apartamento. La artimaña de Marie queda pronto al descubierto cuando, sentada entre Ray y Debra (hecho a propósito), deliberadamente le plantea al sacerdote una pregunta provocativa: «Padre, ¿tenemos que cumplir con todos los mandamientos?», pregunta ella, aludiendo a la supuesta catástrofe moral y espiritual que con seguridad va a tener lugar en cuanto ellos se vayan. «¿O podemos nosotros elegir y decidir?».

El azote de la obediencia selectiva

Me eché a reír con ganas cuando vi y escuché esa escena, pero cuando cedió mi risa, mi conciencia me molestó. Aunque era chistosa, no por eso dejé de percibir la intención de Marie. Porque cuando lo analizamos bien, su pregunta nos lleva al 90 por ciento de los problemas que encuentro en los hombres: *Obediencia selectiva a la voluntad de Dios*. Oímos lo que queremos escuchar, rechazamos lo que no va con nuestros deseos personales, remplazamos las instrucciones de Dios con nuestros caprichos, y llevamos a cabo nuestros propios planes cuando más nos conviene.

Saúl obedeció a Dios selectivamente, y su arrogancia le costó caro.

Stuart Briscoe, el creador y locutor del programa cristiano de radio *Telling the Truth*, comenta que «cuando los mandamientos de Dios nos parecen onerosos, los hombres con frecuencia los dejan a un lado y experimentan un cierto sentido de libertad al hacer lo que quieren hacer en vez de cumplir con la voluntad de Dios. Pero ese gozo suele durar poco cuando se hacen notar las consecuencias negativas para nuestra salud y bienestar».

Todo hombre sincero conoce la lucha y el dolor de la obediencia selectiva. En más de una ocasión, el rey Saúl del Antiguo Testamento no pudo resistir el impulso de enredar las instrucciones claras de Dios. Él es un buen ejemplo clásico para todo hombre lo suficientemente arrogante para darle la espalda a la voluntad revelada de Dios. Así es como lo encontramos en las Escrituras, resumido y con cursivas añadidas:

Después Samuel dijo a Saúl: ...Jehová me envió a que te ungiese por rey sobre su pueblo Israel; ahora, pues, está atento a las palabras de Jehová. Así ha dicho Jehová de los ejércitos: Yo castigaré lo que hizo Amalec a Israel al oponérsele en el camino cuando subía de Egipto. Ve, pues, y hiere a Amalec, y *destruye todo lo que tiene*, y *no te apiades de él*; mata a hombres, mujeres, niños, y aun los de pecho, vacas, ovejas, camellos y asnos.

Y Saúl derrotó a los amalecitas... desde Havila hasta llegar a Shur, que está al oriente de Egipto. Y tomó vivo a Agag rey de Amalec, pero a todo el pueblo mató a filo de espada. Y Saúl y el pueblo perdonaron a Agag, y a lo mejor de las ovejas y del ganado mayor, de los animales engordados, de los carneros y de todo lo bueno, y no lo quisieron destruir; mas todo lo que era vil y despreciable destruyeron.

Y vino palabra de Jehová a Samuel, diciendo: Me pesa haber puesto por rey a Saúl, porque se ha vuelto de en pos de mí, y no ha cumplido mis palabras... Y se apesadumbró Samuel, y clamó a Jehová toda aquella noche.

Vino, pues, Samuel a Saúl, y Saúl le dijo: Bendito seas tú de Jehová; yo he cumplido la palabra de Jehová. Samuel entonces dijo: ¿Pues qué balido de ovejas y bramido de vacas es este que yo oigo con mis oídos? ...

Y Samuel respondió a Saúl: No volveré contigo; porque desechaste la palabra de Jehová, y Jehová te ha desechado para que no seas rey sobre Israel. (1 Samuel 15:1-3, 7-11, 13-14, 26)

¡Huy! ¡Eso es fuerte! Samuel se lo dijo claramente a Saúl cuando le pilló retorciendo las claras instrucciones de Dios. No es que Saúl no se lo mereciera; más bien necesitaba que lo confrontaran. ¡No es que Saúl no lo supiera y lo viera venir; pero él necesitaba que le hablaran de esa forma. Se había engañado a sí mismo hasta el punto que pensaba que todo estaría bien, cuando la plena verdad era que sí tenía en su posesión al rey y sus mejores pertenencias. Todos pueden ver que las instrucciones de Dios eran claras; pero Saúl había obedecido a Dios selectivamente, y su arrogancia le costó cara. Lo más doloroso es que el Padre celestial que esperaba de él algo más quedó desilusionado.

SUCUMBIMOS AL SÍNDROME DE 80/20

Vamos a considerar los casos de tres hombres que están siguiendo los mismos pasos de Saúl, aunque quizá hoy en una forma más sutil (pero no menos devastadora).

Caso 1: El silencio no siempre es oro

Carlos se sentía cómodo con ser cristiano y también cómodo con sus citas románticas. Se pudiera decir que le fascinaba lo cómodo. Quizá usted piense que estaba muy acomodado. Le gustaba pensar en las mujeres y mezclarse con ellas. A sus veintiocho años de edad, atlético y económicamente independiente que se sostenía a sí mismo con sus ingresos como agente de bienes raíces, a Carlos nunca le faltaba compañía femenina gracias a la ayuda que le prestaban su hermana, sus compañeros en el trabajo y sus amigos en su pequeño grupo de solteros.

Cuando Carlos conoció a Sara, se sintió inmediatamente atraído por su cuerpo. Ella no escondía para nada sus... cómo lo digo... espléndidos atributos. Carlos pasó por alto el inconveniente de que Sara no era cristiana. Muy pronto los dos se estaban viendo cada fin de semana, aunque Carlos era cuidadoso en no iniciar ningún contacto físico. Sin embargo, viéndose ya cada sábado por la noche, Carlos no se atrevió a hablar con ella acerca de su fe ni de su convicción acerca de las relaciones sexuales antes del matrimonio, pues le pareció que era ofensivo sacar un tema tan delicado al principio de unas relaciones. Mientras tanto, ellos seguían intimando en su relación y él seguía manteniendo silencio.

Caso 2: No puede controlar una boca cortante

Alfredo ha sido miembro del grupo pequeño de parejas y cristiano desde hace seis años. Canta en el coro de hombres, asiste con regularidad los jueves por la mañana al estudio bíblico para hombres, y enseña a los niños de tercer grado en la escuela dominical. Alfredo, quien me dijo que estaba comprometido a estudiar la Palabra de Dios y a poner todo en su vida bajo la lupa de las Escrituras, no es capaz de controlarse cuando ve lo que él percibe como un defecto en su esposa, Débora. Cuando algo sucede, reacciona con palabras cortantes de corrección. Alfredo se siente libre para faltarle el respeto, presionar y criticar a su esposa porque ella está casada con él. «Así es y ya», dice él pensando que su comportamiento es natural y aceptable.

Si tiene un 80/20 de obediencia, el veinte por ciento siempre le hunde.

Un hombre guarda silencio cuando está llamado a abrir su boca. Otro tiene una forma de hablar con su esposa que está rociada de napalm más que de gracia y amor. Cada uno de estos hombres está llamado a una manera más elevada de vivir, pero en cada caso las instrucciones claras de Dios se están echando a un lado y se racionaliza sobre ellas. Cada hombre sigue el plan de Dios a su manera, enmendando la Palabra de Dios y el llamamiento de su Espíritu a fin de seguir sus propios sentimientos.

Si tiene un 80/20 de obediencia, *el 20 por ciento siempre le hunde.* Carlos y Alfredo se están tomando libertades que no tienen derecho a tomar con las instrucciones de Dios. Están pasando por alto un principio fundamental del ser hombres de Dios: «Toda palabra de Dios es limpia; él es escudo a los que él esperan. No añadas a sus palabras, para que no te reprenda, y seas hallado mentiroso» (Proverbios 30:5-6).

Caso 3: Finge un buen juego, juega con el futuro

Es fácil conseguir una forma de cristianismo que nos presenta bien. De hecho, cuando un amigo mutuo, Clay, me presentó a Joel en Starbucks. Me quedé impresionado con él desde el principio.

Parecía que encajábamos bien desde el principio. Hablamos durante una hora acerca de nuestra fe, de nuestra afición al juego del golf, y puesto que Joel era un médico que trabajaba en la ciudad, de las nuevas tendencias en la medicina. Él hizo varias declaraciones que sugerían una cierta madurez espiritual en su caminar con Dios, incluyendo su deseo de llevar a su esposa y su familia a una comunión y un crecimiento espiritual.

Después de nuestro primer encuentro, Joel empezó a acudir a mi estudio bíblico de los jueves por la mañana, donde empezó a relacionarse estrechamente con los hombres en la mesa. Técnicamente, el hombre era un modelo de cristiano. Trágicamente, estaba a punto de experimentar la necedad de una vida al 80/20.

Me enteré más tarde por medio de Clay, y después por el mismo Joel, que él estaba fingiendo. Estaba hablando como que todo estuviera bien y metiéndose en la escena como una persona que estaba practicando su fe, pero al mismo tiempo estaba alimentando una adicción al juego que lo tenía controlado.

Joel creía que él podía acomodar simultáneamente a Dios y a su hábito. Lo que empezó como una diversión voluntaria e inocente —el juego de naipes— ahora lo esclavizaba y lo tenía atrapado dedicando todo el tiempo disponible a buscar la manera de salvar su casa, su práctica médica y su matrimonio. Su futuro estaba en las manos peligrosas de sus acreedores. La vez siguiente que vi a Joel estaba deshecho, viviendo las consecuencias de una vida al 80/20.

Como Pablo le advierte a Timoteo, muchos sirven a sus propios intereses teniendo «apariencia de piedad, pero [niegan] la eficacia de ella». Por ejemplo, los hombres saben cuando están violando la ley de Dios en cuanto al sexo, pero ellos a pesar de todo continúan bajándose los pantalones. Los esposos saben cuando están dañando a sus esposas, pero siguen con sus críticas y arranques de ira. Los padres saben cuando sus hijos se están muriendo de deseo de disfrutar de un poco de tiempo con sus padres, pero siempre encuentran otra cosa para hacer. Por el contrario, cuando el hombre de Dios es tentado a entrar en un arreglo de vida del 80/20, él hace lo que Dios espera que haga, aunque le sea menos conveniente o mucho menos divertido.

ESTÉ LISTO PARA DARSE AL SEÑOR

Cambiemos ahora de escenario y veamos el caso de un hombre que sabe cómo evitar el síndrome del 80/20. Mi amigo Pablo es un piloto de líneas aéreas de una gran compañía. Pablo me cuenta que cada vez que se pone el uniforme es retado como cristiano.

«No te imaginas todo lo que sucede durante un viaje de dos o tres días lejos de casa», me dice. «Los pilotos y las azafatas se quedan en el mismo hotel, y parece como si todas sus inhibiciones las hubieran dejado en casa en la ciudad de procedencia». Para muchos miembros de las tripulaciones, desvinculados de fuertes compromisos morales o relacionales, estos viajes les ofrecen incontables oportunidades para explorar comportamientos y relaciones que de otra manera estarían restringidas.

Si bien muchos miembros de tripulación están casados y otros son solteros, eso al parecer no pone ningún freno al comportamiento sexual durante las escalas. En un viaje, Pablo estaba al mando del avión en un vuelo transcontinental desde Los Angeles hasta Nueva York. En alguna parte sobre Iowa, alguien tocó a la puerta de la cabina de pilotos (esto sucedió antes del 11 de septiembre de 2001) y una de las azafatas entró para conversar un rato. La conversación pronto se volvió explícita cuando la azafata empezó a bromear sobre ciertas prácticas sexuales que a ella le gustaban. Luego ella se tocó el pecho y dijo sonriendo: «Si quieres algo de esto…».

Al tiempo que Pablo miraba a su compañero con una expresión como diciendo: *¿Viste lo que yo vi?*, la azafata agarró la corbata de Pablo en una forma seductiva y dijo: «Vas a ser mío». Y lo decía en serio.

**El Señor está buscando hombres
en los que pueda confiar.**

Este tipo de cosas suceden con frecuencia, me dijo Pablo. De modo que lo que él ha hecho es buscar maneras de presentarse como un seguidor de Cristo. En cuanto se presenta una oportunidad, él habla acerca de su fe con los otros pilotos; y cuando una azafata se acerca de una forma muy amistosa él busca la manera de hablar acerca de su familia. *(Espera un momento que voy a llamar a mi esposa y preguntarle si está bien con ella que pase la noche contigo.)*

Sin duda, la persona puede sentirse muy sola en el cuarto del hotel cuando el resto de la tripulación se está divirtiendo a lo grande en el cuarto 1211, pero Pablo está dispuesto a llevar puestas sus convicciones en sus mangas. Su voluminosa cartera de piel negra para viajar está llena de etiquetas pegadas con expresiones relacionadas con Dios y la vida espiritual, lo que hace que algunas personas se sientan incómodas. Pero Pablo dice que eso no le preocupa.

Yo sé que el compañerismo de Pablo con el Espíritu Santo, el consumo continuo de la Palabra de Dios y el deseo de honrar a Dios generan una forma de comportamiento que es consecuente con la voluntad de Dios. Él ha cultivado esa pausa celestial entre el estímulo y la respuesta, la cual lo aleja de los compromisos del estilo de vida del 80/20 y le evita muchos dolores. Cuando él se pone en contacto con su Padre celestial, los ojos de la fe de Pablo buscan una confirmación en el rostro de Dios, de una manera o de otra.

El Señor está buscando hombres en los que pueda confiar y que estén dispuestos a seguir su dirección.

SIGAMOS NUESTROS ANTIGUOS MODELOS

Ser un hombre de Dios nunca será fácil, pero los que han pasado la prueba lo hicieron porque vencieron con éxito las opiniones de otros, lucharon con éxito contra sus propios sentimientos y debilidades de carácter, y contendieron con éxito contra la oposición espiritual. Abraham en el Antiguo Testamento fue un hombre de Dios, y bendijo al mundo por medio de su obediencia. Después que el Señor le detuviera en su intento de sacrificar a su hijo, le dijo: «Multiplicaré tu descendencia como las estrellas del cielo, y daré a tu descendencia todas estas tierras; y todas las naciones de la tierra serán benditas en tu simiente, por cuanto oyó Abraham mi voz, y guardó mi precepto, mis mandamientos, mis estatutos y mis leyes» (Génesis 26:4-5).

Caleb, uno de los espías enviados por Moisés para explorar la tierra de Canaán, expresó la opinión de la minoría de que los hebreos conquistarían la tierra prometida. Se convirtió en un hombre de Dios cuando expresó su fe en las promesas de Dios, a pesar de los aparentes obstáculos. ¿Su recompensa? «Pero a mi siervo Caleb, por cuanto hubo en él otro espíritu, y decidió ir en pos de mí, yo le meteré en la tierra donde entró, y su descendencia la tendrá en posesión» (Números 14:24).

Josué, quien acompañó a Caleb y fue el único otro hombre que mostró completa confianza en que Dios les ayudaría a conquistar la tierra, fue nombrado sucesor de Moisés como el líder de los israelitas. Este hombre de Dios se afirmó en sus convicciones:

> Yo era de edad de cuarenta años cuando Moisés siervo de Jehová me envió de Cades-barnea a reconocer la tierra; y yo le traje noticias como *lo sentía en mi corazón.* Y mis hermanos, los que habían subido conmigo, hicieron desfallecer el corazón del pueblo; *pero yo cumplí siguiendo a Jehová mi Dios.* Entonces Moisés juró diciendo: Ciertamente la tierra que holló tu pie será para ti, y para tus hijos en herencia perpetua, por cuanto cumpliste siguiendo a Jehová mi Dios. (Josué 14:7-9)

El rey Asa de Judá hizo lo que ningún otro rey tuvo el valor de hacer desde los primeros años del reinado de Salomón: Él obedeció completamente los mandamientos de Dios de eliminar los dioses falsos de entre su pueblo

> E hizo Asa lo bueno y lo recto ante los ojos de Jehová su Dios. Porque quitó los altares del culto extraño, y los lugares altos; quebró las imágenes, y destruyó los símbolos de Asera; y mandó a Judá que buscase a Jehová el Dios de sus padres, y

pusiese por obra la ley y sus mandamientos. Quitó asimismo de todas las ciudades de Judá los lugares altos y las imágenes; y estuvo el reino en paz bajo su reinado. (2 Crónicas 14:2-5)

El apóstol Pablo elogió a los creyentes romanos por su obediencia sincera a los caminos de Dios. Les dijo: «Pero gracias a Dios, que aunque erais esclavos del pecado, habéis obedecido de corazón a aquella forma de doctrina a la cual fuisteis entregados; y libertados del pecado, vinisteis a ser siervos de la justicia» (Romanos 6:17-18).

Y lo que es más importante, la completa obediencia de Jesús abrió el camino para nuestra salvación:

Así que, como por la transgresión de uno vino la condenación a todos los hombres, de la misma manera por la justicia de uno vino a todos los hombres la justificación de vida. Porque así como por la desobediencia de un hombre los muchos fueron constituidos pecadores, así también por la obediencia de uno, los muchos serán constituidos justos. (Romanos 5:18-19)

Cuando otros se retiran, los obedientes siguen adelante. Cuando los obstáculos ahuyentan a algunos, los obedientes buscan la promesa y permanecen firmes en ella. Cuando otros cuestionan la Palabra de Dios, los obedientes se arriesgan a tomarle la Palabra a Dios y a dejarle a Él los resultados. Como dicen las Escrituras: «Mas el que mira atentamente en la perfecta ley, la de la libertad, y persevera en ella, no siendo oidor olvidadizo, sino hacedor de la obra, éste será bienaventurado en lo que hace» (Santiago 1:25).

PONIENDO EN ORDEN MIS PRIORIDADES

Recuerdo que me encontraba una vez en el cuarto de un hotel en Dallas mirando la fotografía de mi pequeña hija Cara, y pensando en el diario que estaba tratando de mantener para ella porque andaba viajando mucho. Eran las 9:00 de la noche y todavía me encontraba con mis ropas de trabajo. Había estado viajando de lunes a viernes durante los últimos cinco meses. Mi compañía había adquirido a nuestro competidor, y yo era parte del nuevo equipo de operaciones. Disfrutaba de ser parte de la fusión de una organización porque allí era donde estaba la acción, pero mi tarea requería que anduviera viajando hasta Dallas durante la semana y regresara a casa en el sur de California los fines de semana.

En lo profundo de mi ser yo sabía que todos estos viajes estaba dañando mi relación con Chrissy y con mi primera hija, Cara. Y *me dolía* el perderme tantos momentos preciosos con mi nueva esposa y tantas primeras cosas con mi nuevo bebé. Por el otro lado, ya estaba bien establecido en el seno del equipo de dirección de la empresa, algo por lo que yo había trabajado muy duro. No obstante, después de mirar un rato a mi vacío diario, sabía lo que tenía que hacer. Respiré hondo y llamé por teléfono al vicepresidente ejecutivo de la empresa.

Aunque me sentía muy mal, sabía en lo profundo de mi corazón que Dios me estaba pidiendo que pusiera primero a mi matrimonio y a mi familia.

—No puedo seguir haciendo esto —le dije al vicepresidente, mientras él me oía comentar cuánto echaba de menos a mi familia.

—Está bien, vamos a almorzar juntos mañana y hablaremos sobre eso —dijo él.

A la mañana siguiente me pesaba el haberle llamado. *Quizás es que estás un poco cansado*, pensé. *Quizás es que te ha dominado un poco la presión.*

Pero yo sabía que tenía que olvidarme de Dallas. Durante el almuerzo, mi jefe prestó atención a mi deseo de volver a California. Después de reflexionar un poco —no trató de convencerme para que cambiara de opinión— me dijo que la empresa podría acomodar mi deseo de estar más cerca de casa. De hecho, él creía que podía encontrar un nuevo contrato para que yo lo manejara en California.

Sin embargo, lo que debiera haberse sentido como una gran carga que se me había quitado de encima, lo sentí como un gran descenso de categoría. *Vete a bañar, Luck. Parece que estás acabado con la empresa. Te están enviando a tareas inferiores.* Aunque me sentía muy mal, sabía en lo profundo de mi corazón que Dios me estaba pidiendo que pusiera primero a mi matrimonio y a mi familia.

Eso era lo que tenía que creer.

Al salir de aquel almuerzo, seguí orando: «Fiel es el que os llama, el cual también lo hará», de la alentadora carta de Pablo a los tesalonicenses. Me sentía como si eso fuera lo único que tenía para seguir adelante. Poco sabía que aquel pequeño pero doloroso paso de obediencia me traería no solo más tiempo con mi familia y la iglesia, sino que me llevaría a manejar varios contratos que me proveyeron mejores recompensas financieras y mejor promoción de lo que podía haber imaginado.

En aquel momento, obedecer al Señor no me llevó a sentirme mejor, pero hoy estoy contento de que tomé esa decisión y la llevé a cabo.

En este tiempo eso me lo recuerdo mucho a mí mismo. Pienso que es porque el Señor quiere mantenerme humilde. Y por supuesto, mantenerse humilde es una de las características más fuertes de ser un hombre de Dios, y es el tema del siguiente capítulo.

10

Se requiere
una sola actitud

Cuando la luz de «Verifique el motor» se encendió en el tablero de mando de nuestro auto familiar, el corazón de Chrissy empezó a palpitar aceleradamente. Toda clase de catástrofes relacionadas con auto empezaron a pasar veloces por la pantalla de su mente, incluyendo el pensamiento de que se podía quemar el motor. Gracias a Dios había dos cosas a su favor: Ella estaba haciendo unos recados cerca de casa y tenía, además, a su mejor amiga, Donna, sentada a su lado en el asiento delantero del Dodge Durango.

—Sé lo que podemos hacer —sugirió Donna—. Pablo está comprando unas plantas para el jardín —dijo ella, refiriéndose a su esposo—. Lo voy a llamar por el celular. Él sabe mucho de autos.

Donna echó mano de su bolso para buscar el celular, llamó a Pablo y le explicó el problema. «Está bien mi amor. Las veré en unos minutos enfrente de la entrada principal».

Chrissy llevó el auto al enorme estacionamiento de Home Depot cerca de la entrada, y muy pronto vieron a Pablo. Frenó el auto, pero dejó el motor encendido. Pablo le pidió que abriera el capó y escuchó atentamente los sonidos para notar alguna anormalidad mientras examinaba el motor.

«Todo parece normal y estar funcionando bien», dijo mientras cerraba el capó. Luego metió la cabeza dentro del auto para examinar los indicadores del tablero de mandos. Fue entonces cuando se dio cuenta de una pequeña etiqueta transparente pegada en el rincón superior izquierdo del parabrisas que decía: Siguiente cambio de aceite: 41.350 millas.

Le echó una mirada al odómetro y el misterio quedó resuelto. «Tienes que cambiar el aceite del motor», dijo.

Puesto que no soy exactamente un gran aficionado a la mecánica, estoy agradecido que los ingenieros de la Dodge pensaran en poner un sensor en el motor para decirnos cuándo necesitamos cambiar el aceite. Aun con mi escaso conocimiento de motores, sé que cuando no hay suficiente aceite en la caja del cigüeñal, va a haber problemas.

SE REQUIERE UNA SOLA ACTITUD

Aunque no conozco la diferencia entre la correa de tiempo y la manguera del radiador, con frecuencia me siento como un mecánico con mis hombres. Cuando ellos vienen con sonidos extraños a mi taller, o cuando se han dado cuenta de esa luz roja que ha aparecido en el tablero de sus vidas, me preguntan qué significa eso. Pero como mi amigo Pablo entendió, la solución está por lo general allí enfrente de los ojos del hombre. Si me permite una metáfora más tomada de la reparación de autos: Si el aceite produce la lubricación necesaria para que los motores funcionen de la manera que se espera de ellos, la *humildad* lubrica la fe del hombre para producir resultados en su vida espiritual. La Biblia nos enseña que la humildad es la actitud esencial que el hombre de Dios busca para hacer que funcione su relación con el Señor.

La humildad no salva al hombre eternamente, pero sin duda alguna le salva de muchos dolores. La humildad no cambia las circunstancias de un hombre, pero le ayuda a ver los propósitos de Dios en esas circunstancias. La humildad no acelera las respuestas a la oración, pero acelera la aceptación de la voluntad de Dios. La humildad no toma decisiones por un hombre, pero impulsa su corazón a que tome decisiones que sean coherentes con el plan de Dios. La humildad no hace que el hombre gane más del amor de Dios, pero le ayuda a experimentar el amor de Dios en un nivel más profundo. Las Escrituras se acumulan sobre el tema de la humildad:

- Dios «encaminará» y «enseñará» al humilde (Salmo 25:9).
- «Jehová exalta a los humildes» (Salmo 147:6).
- La sabiduría les pertenece a los humildes (véase Proverbios 11:2).
- «Riquezas, honra y vida son la remuneración de la humildad» (Proverbios 22:4).
- El Señor mora personalmente con los humildes (véase Isaías 57:15).
- El humilde será enaltecido, y el que se enaltece será humillado, promete Jesús (Mateo 23:12).
- Dios da gracia a los humildes (véase Santiago 4:6).

Recompensa, sostenimiento, sabiduría, dirección, intimidad, gracia, renovación y revelación, todo cuelga de una *actitud* que acompaña a nuestra fe. Oswald Chambers, el famoso predicador y teólogo inglés de principios del siglo XX, llamó a la humildad «la gran característica de un santo». Por todos sus beneficios y bendiciones, la humildad es el mejor camino para el hombre de Dios. En realidad, es el único camino. Pero el verdadero espíritu de humildad requiere que reconozcamos la distancia con Dios y aceptemos el amor del Señor.

RECONOZCAMOS LA DISTANCIA CON DIOS

Yo era un recién convertido cuando empecé a estudiar en UCLA (Universidad de California en Los Angeles) y todavía recuerdo que estaba confundido cuando escuchaba a los creyentes orar por humildad. ¿Cómo sabe uno que sus oraciones son contestadas? ¿Se supone que uno solo debe actuar con humildad? ¿Rechazar los elogios? ¿Vestirse con una camisa blanca y pantalones negros? ¿No llamar nunca la atención sobre sí mismo? Al considerar estas preguntas, saqué la impresión que los que trataban de ser humildes (como yo) terminaban sintiéndose orgullosos de que ellos eran más humildes que otros, lo que destruía desde el principio todo el propósito de ser humildes.

Irónicamente, conseguí mi primera definición de humildad viendo una película sobre el fútbol americano titulada *Rudy*. Esta película, basada es una historia verdadera, trata de un niño que vivía en un pueblo dedicado a la industria del acero que sueña en grande —quiere jugar en Notre Dame—, que es un reto suyo estilo David y Goliat. No es solo que Rudy Ruettiger es demasiado pequeño y lento para destacarse en el campo, sino que tampoco tiene las calificaciones escolares para entrar en Notre Dame. Tampoco proviene de la parte distinguida del pueblo. Pero Rudy nunca se rinde frente a las tremendas circunstancias que tiene enfrente. En contra de la sabiduría convencional y del consejo de su familia, e incluso de su novia, Rudy hace sus maletas, acepta un trabajo humilde en el estadio de Notre Dame y se matricula en la escuela South Bend. Rudy está tan cerca que ya empieza a saborear que su sueño se puede hacer realidad.

«Hijo, en treinta y cinco años de estudios religiosos, he llegado a la conclusión de dos hechos incontrovertibles: Hay un Dios, y yo no soy Él».

En el proceso Rudy se siente animado por un sacerdote local (el padre Cavanaugh), que le sirve como tutor y le ayuda a perseverar a pesar de recibir una carta negativa tras otra. Después de su tercer rechazo, Rudy está luchando con la desesperación —pero orando— cuando el padre Cavanaugh se encontró con él.

PC: ¿Estás elevando tu apelación a un tribunal superior?
Rudy: Estoy desesperado. Si no consigo entrar en Notre

Dame el próximo semestre, estoy acabado. Porque esta universidad no acepta transferencias de mayores.

PC: Bueno, pero el trabajo que has hecho es grande, muchacho, luchando por tus sueños.

Rudy: No importa qué clase de trabajo he hecho. Si no produce resultados, no significa nada.

PC: Pienso que descubrirás que sí significa.

Rudy: Quizás es que no he orado lo suficiente.

PC: No creo que ese sea tu problema. La oración es algo que hacemos conforme a nuestro tiempo. Las respuestas vienen conforme al tiempo de Dios.

Rudy: ¿He hecho todo lo que puedo hacer? ¿Puede usted ayudarme?

PC: Hijo, en treinta y cinco años de estudios religiosos, he llegado a la conclusión de dos hechos incontrovertibles: Hay un Dios, y yo no soy Él.

En esencia, la humildad la encontramos en los hombres que han reconocido esta distancia entre nosotros y Dios. No importa cuán inteligentes seamos, Él es mucho más inteligente —infinitamente inteligente. No importa cuántos logros tenemos en nuestro haber, Él creó el universo. No importa cuántas historias de guerra podamos contar para demostrar nuestro valor, Él mostró mucho más valor yendo a la cruz por los pecadores. No importa cuán perdonadores, generosos o amorosos podamos ser para con otros, Él posee esas cualidades en forma inmensurable. Encontrarnos cara a cara con Dios debiera llevar al hombre a tener la actitud apropiada, que es la de la *humildad*. Dado que no podemos jactarnos en su presencia, deberíamos escuchar y aprender en quietud:

> ¡Ay del que pleitea con su Hacedor! ¡El tiesto con los tiestos de la tierra! ¿Dirá el barro al que lo labra: ¿Qué haces?; o tu obra: ¿No tiene manos?
> Así dice Jehová, el Santo de Israel, y su Formador: Preguntadme de las cosas por venir; mandadme acerca de mis

hijos, y acerca de la obra de mis manos. Yo hice la tierra, y creé sobre ella al hombre. Yo, mis manos, extendieron los cielos, y a todo su ejército mandé. (Isaías 45:9, 11-12)

Hay un Creador y hay criaturas. Un hombre no puede, con el pleno conocimiento del Otro, alterar esta realidad. Como Salomón advirtió sabiamente: «Dios está en el cielo, y tú sobre la tierra; por tanto, sean pocas tus palabras» (Eclesiastés 5:2). En el caso de Rudy, el sacerdote le dio una perla de sabiduría que yo jamás olvidaré: Hay un Dios, y yo no soy Él.

Al final, el hombre de Dios no necesita orar pidiendo humildad tanto como necesita recordar su lugar. Dios es como un artesano, y tiene completo control de sus herramientas para crear y edificar, y nos pide a nosotros libertad y control para practicar su habilidad artesana con nosotros. Nos ayuda a ser humildes el que otros trabajen en nosotros, pero en el caso de Dios, nos ayuda a recordar que Él es mucho más grande, inteligente y fuerte. En cuanto a la posición, Dios gana. Pero comprender su corazón inclina al hombre de Dios hacia la verdadera humildad.

Aceptemos el amor de Dios

La unidad de cuidado intensivo del Hospital Mercy no es el lugar donde usted quiere estar en la víspera del Año Nuevo, pero es allí donde mi hermano Chris y yo nos encontramos aquel día último de un año. Nos vimos en el hospital porque nuestro padre se había ingresado para someterse a una seria operación quirúrgica del corazón. Para Chris y para mí fue un tiempo de nervios, como el locutor de radio Chick Hearn de Los Angeles Lakers solía decir, porque no estábamos seguros de que nuestro padre saldría con vida de la operación. Nos dijeron que nuestro padre podía despertar de la anestesia desorientado y tratar de quitarse los tubos que regulaban el ritmo de su corazón y la presión sanguínea, de forma que teníamos que estar alertas para esa eventualidad.

Quedamos sorprendidos cuando un amigo de muchos años de nuestro padre, un buen hombre llamado Greg, se unió a nosotros para la vigilia de toda la noche. Al sentarnos todos juntos en la UCI, mi hermano y yo escuchamos como Greg nos explicaba que había crecido en una iglesia que hablaban de Dios como una especie de policía cósmico que nada le gustaba más que castigar a los flojos que no sabían mantenerse al ritmo con su programa. Eso combinado con la propensión de su padre al enojo y al abuso, la imagen que Greg tenía de Dios el Padre estaba un poco deformada. Naturalmente, no quedaba espacio en su vida para asuntos de fe. Greg había decidido hacía mucho tiempo que el Padre, el Hijo y el Espíritu Santo eran apariciones sin sentido para él.

El momento decisivo para nuestra conversación llegó cuando hablamos de las acciones del hijo y el padre en la parábola del hijo pródigo. Recuerdo que dije que el hijo regresó a casa cubierto de basura de cerdo, que era una metáfora apropiada para describir las necedades que cometemos en la vida. No hay nada como un poco de olor a corral de cerdos para hacerle a uno sentirse humilde. Pero una vez humillado, el hijo se presentó ante el padre, reconoció sus errores y le pidió que le diera trabajo como un esclavo sin privilegios. En vez de reprender al hijo por haber despilfarrado toda su herencia en vino, mujeres y fiestas, el padre salió corriendo al encuentro del hijo y le abrazó, y ordenó que se hiciera una celebración: «Porque este mi hijo muerto era, y ha revivido; se había perdido, y es hallado» (Lucas 15:24).

Todo cambió para el hijo porque estuvo dispuesto a humillarse ante la verdad de sus circunstancias y ante su padre, que estaba esperando con deseo su regreso.

El lenguaje que Jesús usó en esta parábola sorprendió a las personas de esos tiempos, así como sacudió la imagen que Greg tenía de Dios, a las 3:00 de una mañana en la UCI. Nunca se le había ocurrido pensar que Dios le amaba y se interesaba por él —uno de sus hijos— y que estaba esperando que regresara para recibirle en sus brazos.

Cuando los hombres se dan cuenta —de verdad se dan cuenta— que Dios, quien es superior en todos los sentidos, también se interesa por ellos, la humildad entra en sus corazones. En vez de enfurecernos pensando que va a controlarnos, debemos abrirnos a su verdadero amor y cuidado. En vez de acomodarnos y hacer componendas espirituales, debiéramos estar motivados a buscar lo mejor de Dios y arriesgarnos a confiar en Él en todos los sentidos. En vez de invertir nuestras vidas en el servicio de nuestras pasiones, debiéramos empezar a invertir nuestras pasiones en el servicio de la vida, la vida eterna.

Nunca se le había ocurrido pensar a Greg que Dios le amaba y se interesaba por él, y que estaba esperando que regresara para recibirle en sus brazos.

Esta clase de humilde apreciación de la persona y del amor de Dios acelera la madurez espiritual porque se requiere para todas las disciplinas espirituales. Necesitamos la humildad para abandonar el pecado, para perdonar, para reconocer nuestras faltas, para confesarlas, para resistirnos a expresar palabras que dañan, para orar, para confiar en la Palabra de Dios, y lo que es más importante, para vivir con orgullo como un hombre de Dios.

Cuando los hombres no lo entienden —haciendo que Dios sea menos que un Creador y pensando que Él no tiene verdadero interés en ellos— tienen temor de confiar. Se endurecen ante la idea de seguir la voluntad de Dios de todo corazón. En lo profundo de su ser, mantienen una negativa obstinada a escuchar su voz en vez de ver humildemente la verdad y responder a ella.

CAMILO: CHOCA DE FRENTE CON EL ESPÍRITU

Siento tener que decir esto, pero al trabajar muy de cerca con hombres, hay momentos cuando puedo estar bastante frustrado.

Ya he lidiado con buena cantidad de hombres obstinados y arrogantes, y puedo percibir cuando se están negando a doblegar su voluntad ante lo que Dios les está mostrando acerca de sus vidas. El diácono Esteban mostró su frustración con los hombres de Jerusalén en el primer siglo, cuando dijo: «¡Duros de cerviz, e incircuncisos de corazón y oídos! Vosotros resistís siempre al Espíritu Santo; como vuestros padres, así también vosotros» (Hechos 7:51). ¿Ha tenido usted algunas vez ese sentimiento?

Camilo estaba chocando de cabeza con el Espíritu dondequiera que fuera. Sin duda, llevaba como cristiano diez años, pero con dos hijos y otro en camino, sintió sobre él demandas nuevas e insostenibles como esposo y padre. Sus amigos se quejaban de que nunca estaba disponible. Se encontraba fuera de forma y su vida sexual no era satisfactoria. Emocionalmente, Camilo se sentía enojado y lleno de ansiedad. Espiritualmente se sentía fatigado y frustrado. La realidad es que él no sabía si podía vivir la vida a la manera de Dios. (Hacer las cosas a la manera de Dios podía significar preguntarse: *¿Qué haría Jesús en esta situación?*).

Cuando su esposa Loida le pedía que la ayudara cambiando los pañales, Camilo gruñía y decía que estaba ocupado. Cuando ella le pedía que separara su ropa de entre la ropa lavada, él la ignoraba. Cuando ella le pedía que se quedara unas horas con los niños para que ella pudiera disfrutar un sábado por la mañana de una conversación de adultos con sus amigas, Camilo le decía que se había comprometido a jugar al golf esa mañana. *No te importa, ¿no es cierto?*

Loida no se sentía muy feliz con la forma en que estaban funcionando las cosas en casa, pero se callaba. Al fin y al cabo él era el que trabajaba y traía el dinero a casa para que todos pudieran vivir. A las 6:00 de la mañana sonó el despertador. Camilo lo paró rápidamente, se vistió y se marchó. Su plan era tomarse un café capuchino grande en el Starbucks del barrio y echarle un vistazo a las páginas deportivas del periódico antes de encontrarse con sus amigos en el campo de golf. *Nada mejor que esto en la vida*, pensó él.

Cuando iba de camino hacia el Starbucks, Camilo se dio cuenta de su Biblia que sobresalía de su portafolio. Levantó la mirada hacia el parabrisas porque no quería que sus pensamientos se fijaran allí. Pero cuando encontró un espacio en el estacionamiento, sus ojos se posaron otra vez sobre la Biblia, y fue como si supiera que se habían acabado los jueguitos.

Aun si te duele, adopta la posición humilde.

«Está bien, Señor», dijo él. Sabía que en vez de dedicarse a leer las páginas deportivas del *Los Angeles Times* en esa mañana estaría leyendo algo de una Biblia que él había estado ignorando por meses. Después de adquirir su café y una rosquilla, Camilo dejó caer su cada día más pesada estructura en una de esas grandes sillas marrones confortables. Empezó a buscar Filipenses porque el pastor había dicho la pasada semana que si se sentía como en una prisión, uno debe leer Filipenses, porque el apóstol Pablo *estaba* encerrado en una prisión cuando escribió esa carta. En algún momento entre el cuarto sorbo de su capuchino y un pedazo de rosquilla, unas palabras del segundo capítulo de Filipenses le agarraron por la garganta a Camilo:

Haya, pues, en vosotros este sentir que hubo también en Cristo Jesús, el cual, siendo en forma de Dios, no estimó el ser igual a Dios como cosa a que aferrarse, sino que se despojó a sí mismo, tomando forma de siervo, hecho semejante a los hombres; y estando en la condición de hombre, se humilló a sí mismo, haciéndose obediente hasta la muerte, y muerte de cruz. (Filipenses 2:5-8)

Hacía algunos años él había escrito unas líneas —ahora medio borrosas— al margen de su Biblia a la altura de este pasaje: *Aun si te duele, adopta la posición humilde.*

Dios le había hablado antes hacía muchos años, y hoy le estaba volviendo a hablar. Al reflexionar en este pasaje, Camilo sabía que no había adoptado la posición humilde con su esposa. Eso hubiera estropeado sus diversiones, o así pensó él. Al empezar a penetrar este mensaje en su corazón, él podía sentir que su resistencia al Espíritu de Dios estaba siendo desplazada por una humildad que él sabía que necesitaba. «Ahora pues, Jehová, tú eres nuestro padre; nosotros barro, y tú el que nos formaste» (Isaías 64:8).

El hombre de Dios se pone humildemente en las manos del Señor para ser formado, momento a momento, día a día.

11

El mejor adobo

2 cucharadas de pimienta negra
2 tazas de salsa de soja
1 taza de jugo de limón
1 cucharada de aceite de ajonjolí o sésamo
2 cucharadas de ajo partido
16 onzas de cerveza

Estos ingredientes forman el adobo donde se empapan las famosas chuletas de cerdo al estilo de Kenny. Sin duda, usted puede encontrar otras clases de chuletas adobadas en otras partes, pero para mis papilas gustativas nada es semejante a unas suculentas chuletas de cerdo sazonadas, cocinadas hasta la perfección bajo mis ojos vigilantes en mi vieja barbacoa del patio.

Todo mi vecindario sabe acerca de las famosas chuletas de cerdo al estilo de Kenny. He visto a mujeres embarazadas tener antojos que usted no creería. He visto a algunos vegetarianos pecar en contra de sus convicciones. He visto a hombres bien crecidos comiéndose las chuletas hasta llegar a chupar el hueso. He visto a niños que se han comido todas sus verduras con tal de recibir una doble ración de chuletas. Siempre disfruto cuando alguien nuevo levanta una chuleta con ambas manos y le pega un gran bocado. Los ojos se les abren como platos y gimen en puro éxtasis. Sin embargo, el problema más grande que tengo con estas chuletas, es dejar que las muestras para el control de calidad se me escapen de las manos cuando estoy asando una tanda. No me gusta hacer de malo en la película y tener que decirles a los invitados que hay que esperar hasta que estemos listos para servir la cena.

Mis chuletas empiezan como todas las chuletas: pura carne desnuda. Pero yo las veo como mucho más que solo carne de cerdo: Son como un lienzo sobre el que hay que pintar. Y he aprendido que si bien los ingredientes para el adobo son clave, no son el factor determinante en cuán bueno será el sabor de las chuletas.

La clave para las famosas chuletas de cerdo de Kenny es lo que yo llamo el *tiempo de remojo*.

Empiezo el largo y arduo proceso la noche antes, mezclando los ingredientes para formar el adobo dentro de un envase grande de plástico. Después de colocar con cuidado las chuletas dentro, abro espacio en el refrigerador donde, durante las siguientes veinticuatro horas, las chuletas van a estar en remojo. Durante ese tiempo la carne queda tan impregnada de mi adobo de Guam que dejan de ser chuletas de cerdo. De hecho, la carne toma una nueva textura y sabor que quedan completamente realizados cuando las cocinamos en las llamas de la barbacoa. (¿Se le está haciendo la boca agua? ¡Llévese el libro a la cocina y practique!)

LA CLAVE ESTÁ EN DEJARLAS EN REMOJO

En un sentido, las mentes de los hombres son como esas chuletas de cerdo: Asimilan el carácter de aquello en que las ponemos en remojo. Sin embargo, solo después de pasar por el fuego surge nuestro verdadero sabor. Permítame ilustrarle este principio por medio de los ejemplos de dos hombres muy diferentes.

Ted Bundy tiene la dudosa distinción de ser uno de los asesinos en serie más peligrosos de nuestro tiempo. Cómo llegó él al final a sentarse en la silla eléctrica de la Prisión Estatal de Florida es una historia que merece la pena relatar, lo cual él hizo diecisiete horas antes de su ejecución cuando se sentó con James Dobson, de Focus on the Family, para su última entrevista.

Durante esa entrevista, Bundy detalló cómo llegó a meterse en el mundo de la pornografía siendo un jovencito al encontrar una revista de «detective» en un contenedor de basura. Sus incipientes apetitos sexuales quedaron estimulados. Para usar mi metáfora de las chuletas de cerdo, Ted había encontrado el sabor principal para su adobo personal. Mientras más remojaba su mente en la pornografía, más estimulación necesitaba porque las revistas y los meros flirteos físicos ya no le satisfacían. Cada vez necesitaba un mayor estímulo —más sabor— hasta el punto de llegar a creer que asaltar y matar a mujeres bonitas y adolescentes sería lo único que podría satisfacerle. Como era atractivo, seguro de sí mismo y tenía labia, Bundy fue capaz de convencer a mujeres ingenuas que se fueran a dar un desafortunado paseo en auto con él. No tenían ni idea que la receta mental personal de Bundy terminaría al final llevándolas a la muerte.

Comparemos ahora a uno de los más notorios asesinos del siglo XX con Billy Graham, que muchos consideran el más grande predicador de nuestro tiempo. Cuando tenía unos dieciséis años, Billy dice que se sentía inquieto y resentido por la práctica familiar de leer la Biblia. Trató incluso de participar en estas actividades lo menos posible porque estaba espiritualmente muerto.

Entonces, en el otoño de 1934, varias otras influencias entraron en su mente que cambiaron el curso de su vida. Tal como él lo describe, un predicador llamado Mordecai Ham le dio un recordatorio bíblico que llamó su atención. Era el versículo de Romanos 5:8: «Mas Dios muestra su amor para con nosotros, en que siendo aún pecadores, Cristo murió por nosotros».

Aquella noche, Billy Graham hizo lo que él llama su «verdadera entrega» a Jesucristo. Ese compromiso se convirtió en el ingrediente principal de su adobo mental personal: Sumergirse a sí mismo en la enseñanza de la Biblia. Después de empapar su mente en el evangelio, Billy contaba con los ingredientes necesarios para predicar las buenas noticias de Jesucristo a *miles de millones* de personas en todo el mundo.

Dos hombres, dos adobos, dos herencias radicalmente diferentes, pero una verdad inconfundible: El contenido de la mente crea el carácter de un hombre. Piense en ello. Los hombres que entregan su energía mental al siguiente juguete que van a comprar son materialistas. El hombre que siempre anda buscando oportunidades para impresionar a otros lo podemos clasificar como un narcisista, «un legendario según su propia opinión», como lo expresó Clint Eastwood en «Dirty Harry ["El sucio"]». Los hombres que están pensando en la siguiente experiencia de orgasmo los podemos describir como hedonistas. Y si usted vive en el sur de California y es un aficionado de los Clippers, entonces a usted podrían acusarlo de masoquista (estoy bromeando).

Aparte del humor, la Biblia enseña claramente que *somos lo que pensamos*, que el hombre va a desarrollar una identidad que refleja lo que sea que preocupa sus pensamientos. Lou Holtz, quien fue entrenador de fútbol en Notre Dame, dijo una vez que quedamos influenciados por los libros que leemos, las personas con las que nos asociamos y los sueños que tenemos. Eso está bien dicho, pero las Escrituras lo expresan mejor: «En el agua se refleja el rostro, y en el corazón se refleja la persona» (Proverbios 27:19, NVI).

EL PENSAMIENTO LLEVA A LA ACCIÓN

Si la primera conclusión fundamental acerca de mi mente es que *soy* lo que pienso, entonces la segunda y más obvia conclusión es que *hago* lo que pienso. Piense en una conversación reciente que tuve con Cameron.

—Kenny, la tentación fue irresistible —me dijo Cameron.

—¿Qué quieres decir? —pregunté yo.

—Quiero decir que cuando me encontraba a solas con Mandy, era como si algo me dominara. Me sentía impotente.

Si yo soy lo que pienso, entonces la conclusión obvia es que hago lo que pienso.

—Está bien, Cam, déjame hacerte una sola pregunta. Antes de ese momento que era tan poderoso y tentador, ¿cuánto tiempo llevabas teniendo esos pensamientos acerca de Mandy y de la posibilidad de hacer lo que hiciste? ¿Te venían y se iban esos pensamientos? ¿Llevabas con eso algunas semanas?

Con una voz apenas audible, Cameron me respondió:

—Seis meses.

¡Acertamos!

Al hablar con los hombres les digo sin rodeos: *No hay tal cosa como una tentación irresistible.* La realidad es que la mayoría de los hombres fallan porque forman escenarios en sus mentes mucho antes de que realmente actúen en uno de ellos. La tentación de por sí no es intrínsecamente irresistible. Sin embargo, las deslumbrantes escenas mentales que formamos debilitan nuestras voluntades hasta el punto de la vulnerabilidad total. El antiguo dicho de «puedes hacer lo que quieras si centras tu mente en ello», es cierto, y para el hombre de Dios es absolutamente clave.

Dios nos hace advertencias a lo largo de su Palabra en contra de los pensamientos pecaminosos. Muchos los encontramos en Proverbios, como este: «Sobre toda cosa guardada, guarda tu corazón; *porque de él mana la vida*» (Proverbios 4:23).

Debido a que Dios sabe cuán poderosas son las mentes que diseñó, nos manda que tengamos mucho cuidado con aquello en que fijamos nuestra mente. Con billones de neuronas fuertes y capaces de hacer doscientos cálculos por segundo, la mente está diseñada para pensar grandes pensamientos y hacer cosas maravillosas. Es una fuerza tremenda, nos dice Dios, que va a determinar nuestros destinos personales.

¿EN QUE SE ESTÁ ADOBANDO?

Así pues, ¿cómo adoba un hombre su mente en los preceptos y caminos del Señor? La Biblia nos da el principio de la *meditación*, como leemos en el Salmo 119:23: «Tu siervo meditaba en tus estatutos».

La marca definidora del hombre de Dios es que piensa de forma profunda y continua acerca de lo que Dios ha dicho. Y así como la carne de mis chuletas de cerdo se transforman y adquieren una nueva identidad al empaparse en el adobo especial, así también el hombre que se sumerge en la Palabra de Dios adquiere el mismo carácter de Dios; es cambiado en algo nuevo.

Dios no es tímido en cuanto a decir a sus hombres lo que necesitan hacer, especialmente cuando las circunstancias demandan nuevas alturas de carácter y compromiso. Después de la muerte de Moisés, Josué se enfrentó a los más grandes retos de su vida —conquistar una tierra nueva. Sin embargo, el secreto de su éxito no estuvo en el tamaño de su ejército, en la rapidez de sus carros de guerra o en la voluntad de su pueblo. El secreto de Josué estuvo en la obediencia al mandamiento de Dios:

> Nunca se apartará de tu boca este libro de la ley, sino que de día y de noche meditarás en él, *para que guardes y hagas* conforme a todo lo que en él está escrito; porque entonces harás prosperar tu camino y todo te saldrá bien. (Josué 1:8)

Si usted es el líder de un millón de personas y está tratando de mantener a todos juntos, además de conquistar tierras extranjeras ocupadas por personas que no le quieren ni ver, ¿cuál piensa *usted* que sea el elemento clave para el éxito? Dios dijo que era *pensar de manera profunda y continua en su Palabra* de modo que usted haga ante todo lo que Él dice. Entonces usted será próspero (en aquellos días eso significaba tener muchas ovejas en sus prados; y hoy significa tener una buena cuenta en el banco y buenas inversiones) *y* exitoso (éxito es todavía éxito).

TÓMELO *PERSONAL*MENTE

¿Le suenan extrañas estas promesas? De acuerdo, muchos hombres no creen que Dios vaya en realidad a hacer que ellos prosperen y tengan éxito por *pensar profundamente* en lo que Él dice en las Escrituras. De hecho, cuando hablamos con ellos acerca de pasar tiempo meditando en la Palabra de Dios, la reacción universal es: «¡Pero no tengo tiempo!».

Mi amigo Darren —un tipo muy ocupado— acostumbraba a decir eso mismo. Y yo podía entender por qué: Él dirige su propia empresa, lo cual significa que no tiene un límite de horas. Darren podría trabajar 24 horas al día si no tuviera necesidad de dormir, comer o estar con su familia. Se levanta temprano y se va tarde a la cama a fin de estar al día con sus compromisos y mantener la relación con su esposa, hijos y amigos.

Un jueves por la mañana en uno de nuestros estudios bíblicos para hombres en el templo, le plantee a Darren y a los otros hombres en el cuarto la siguiente pregunta para diálogo: «¿Qué es lo que le mantiene *lejos* de la Palabra de Dios? O quizás usted puede responder a la pregunta opuesta: ¿Qué es lo que le mantiene *en* la Palabra de Dios?».

Darren fue el primero en tirarse al agua.

—He luchado por años con la lectura de la Biblia —empezó diciendo—. El deseo ha estado siempre ahí, pero nunca lo he hecho con regularidad hasta el pasado año.

—¿Regularidad? —le pregunté—. Por favor, dinos cómo eres capaz de mantener la regularidad. Estoy seguro que a todos les agradará saber cómo logras hacerlo.

—Cada mañana, me levanto y me presento en el trabajo a tiempo —empezó diciendo Darren—. Me esfuerzo por estar siempre listo para mis citas durante el día, y estoy siempre a tiempo para la práctica de béisbol de mi hijo. Pero la verdad es que tengo que estarlo porque yo soy el entrenador. En los fines de semana me gusta levantarme al amanecer y ser de los primeros en el campo de golf para poder conducir en el campo sin presión.

Pero una cita con la que nunca podía cumplir era con la lectura de la Biblia en una forma regular y consistente. Procuraba cumplir con todas mis otras citas, ¿pero con Jesús? Nunca llegaba a tiempo. Qué triste es eso.

—Así pues, ¿qué hiciste? —seguí preguntando.

—Por fin logré estabilizarme en mi tiempo a solas con Dios haciendo tres cosas: Tener un plan, establecer un tiempo y disponer de un lugar para hacerlo *sin interrupciones.*

Para todos los que estábamos allí sentados escuchando, el cielo se abrió después de oír ese buen consejo. Queríamos saber cómo Darren en realidad lo llevaba a cabo, así que seguimos presionando.

—No hace mucho, trasladé mi oficina a un nuevo edificio, y me aseguré de que estuviera acondicionada con unas estanterías, una buena alfombra, una mesa, dos sillas y un arroyo rumoroso. Decidí llamar a este lugar «mi espacio con Jesús», con una silla para Él y otra para mí. Cada día durante el último año, con muy pocas excepciones, he cumplido con mi cita con Dios a las 7:30 de la mañana, y la he mantenido. No respondo a ninguna llamada, pero tengo a mano un cuaderno de notas para que si de repente me viene a la mente algo del trabajo, lo pueda anotar con rapidez y volver a mi silente conversación con Dios. Lo que me ayudó es que al final comencé a tomar *personalmente* la cita con el Señor —una reunión personal con una *persona* real. Decidí tratar a Jesús como una persona, dedicando un tiempo definido para estar con Él. Ha sido el mejor año de mi vida, sin excepción. Para mí, tenía que tener un tiempo y un lugar apartado.

«Procuraba cumplir con todas mis otras citas, pero con Jesús nunca llegaba a tiempo».

Dos cosas me llamaron la atención después de escuchar esta experiencia de Darren. Primera, él se dio cuenta que pasar tiempo con Dios era algo más que solo una cuestión de tiempo; se trataba de establecer bien sus prioridades. Esto no funcionaba cuando Dios estaba recibiendo los momentos sobrantes en un día muy ocupado. Darren sabía que si alguna vez iba a cultivar una relación profunda con Dios, tenía que ponerlo seriamente en el calendario.

Segundo, poner a Dios a las 7:30 de la mañana, antes de comenzar con su día de trabajo le mostraba al Señor que Darren se lo tomaba en serio. Darren conocía bien su debilidad: Si algo no estaba incluido por escrito en su programa diario, no iba a suceder. La mayoría de los hombres no reconocerían que necesitan organizarse de esa manera, pero Darren sintió que tenía que ser sincero consigo mismo acerca de quién era él y qué funcionaba mejor para él. Si eso significaba programar un tiempo para leer y meditar en la Biblia, pues lo haría.

¿HA MONTADO USTED YA SU TIENDA?

En el tiempo del Éxodo, Dios estableció un lugar especial para reunirse con Moisés y los israelitas. Era conocido como la «tienda de reunión». Fue aquí donde Dios dijo: «La puerta del tabernáculo de reunión, delante de Jehová, en el cual me reuniré con vosotros, para hablaros allí. Allí me reuniré con los hijos de Israel; y el lugar será santificado con mi gloria» (Éxodo 29:42-43).

Después de leer y estudiar este pasaje con los hombres, me gusta preguntarles: «¿Dónde está su tienda de reunión?». Para mí, es la silla de color marrón que tengo en la sala de estar. Sentado en esa silla leí este pasaje hace un año y me comprometí de nuevo a tener un tiempo diario con el Señor, que consistiría en leer la Biblia de tapa a tapa en 365 días. Oh, sí, ya había tratado de leer la Biblia completa en un año, pensando que podría arreglarlo sobre la marcha. Pero cuando me encontraba ya metido dos semanas en las resoluciones del nuevo año, generalmente perdía la motivación.

Después de escuchar el testimonio de Darren, me reuní con los hombres de mi grupo pequeño para tomar café, y el diálogo terminó centrándose en cuánto tiempo dedicábamos a leer la Palabra de Dios. Ese día, les dije a los de mi grupo que necesitaba volver a tener un programa regular de lectura de las Escrituras, y ese mismo día empecé con el pasaje de Éxodo antes mencionado. Era como si Dios me estuviera diciendo que Él quería pasar un tiempo conmigo en nuestra propia tienda de reunión. Ahora no es que sea perfecto, pero de cierto estoy pasando más tiempo diario con la Palabra que antes.

«¿Dónde está su tienda de reunión?»

Su tienda de reunión puede estar en cualquier parte: En su auto en el estacionamiento de la empresa antes del momento de entrar a su trabajo, o durante un paseo en el tiempo de descanso, o en su mesa del restaurante McDonald a la hora de la comida, en un lugar cómodo en su casa —el patio, un cuarto auxiliar, o cualquier rincón especial. Ya sea en un lugar determinado o en una combinación de lugares, Dios le está esperando para reunirse y saludarle por medio de su Palabra.

Puedo asegurarle a todo aquel que se esfuerza por ser un hombre de Dios que le espera una rica recompensa. Todo aquel que se remoja en las Escrituras puede contar con esta promesa:

Bienaventurado el varón que no anduvo en consejo de malos, ni estuvo en camino de pecadores, ni en silla de escarnecedores se ha sentado; sino que en la ley de Jehová está su delicia, y en su ley medita de día y de noche. Será como árbol plantado junto a corrientes de aguas, que da su fruto en su tiempo, y su hoja no cae; y todo lo que hace, prosperará. (Salmo 1:1-3)

Ya ha llegado el momento de dejar de empaparnos del mundo y empezar a remojarnos en la Palabra de Dios. Eso suavizará su corazón al tiempo que fortalecerá su alma. Estar bien con Dios significa estar conectado con la Fuente mediante citas regulares y, como exploraremos en el siguiente capítulo, estar también relacionado con otros hombres que comparten sus convicciones.

12

Cuido de tus espaldas

En la película *Cast Away* (Náufrago), marcamos en el reloj y entramos en la vida ajetreada de Chuck Noland, el ejecutivo de la empresa FedEx (papel desempeñado por Tom Hanks). «El tiempo es nuestro enemigo», dice Chuck al animar a los empleados de una subestación en Moscú para que entreguen los paquetes a tiempo. La escena nos mete eficazmente en la responsabilidad que él tiene como mediador internacional y la oscuridad de su posición. Si bien tenemos la impresión de que la tarea de Chuck es importante, vemos también que le somete a una presión tremenda en su vida personal y en sus relaciones.

Después de haber establecido a Chuck como el empleado más dedicado que todo gerente de empresa quisiera tener, le echamos un vistazo a Chuck el hombre. Sentado a la mesa de una comida de Navidad con sus amigos, incluida Kelly Frears, su novia de varios años (papel representado por Helen Hunt), Chuck se está encaminando hacia una crisis. La cámara capta el comienzo de lo que se convertirá en la más larga interrupción de su vida.

Suena su mensáfono, y lo sacan de su última comida, de su última mirada a la mujer que ama, y del último beso que va a disfrutar por mucho tiempo. Al indispensable Chuck lo llaman para que vaya al extranjero a destaponar otra arteria de envíos en una parte remota del mundo. Esta escena llena de tensión es un preludio al esfuerzo agonizante que Chuck hace en su camino al aeropuerto por la empresa que nunca duerme. Poco antes de partir del aeropuerto de Memphis, intercambia a toda prisa unos pequeños regalos con Nelly. Con un apresurado beso de despedida, promete que cambiará en cuanto regrese; pero sus palabras suenan vacías. Es obvio que Chuck no maneja su vida con la misma suavidad con que FedEx maneja los paquetes. Si su vida es un gran juego de conexiones perdidas en lo que se refiere a las personas que más importan.

Al acomodarse en su asiento para el vuelo nocturno y empezar a dormirse, unas turbulencias empiezan a zarandear el avión. Chuck abre los ojos preocupado. Buscando a tientas el camino hacia la cabina de mando, se entera de la severidad de la situación al escuchar los repetidos intentos del piloto por establecer contacto por radio con tierra. La tripulación no puede conseguir ninguna orientación de su localización sobre el Océano Pacífico.

En el caos que sigue, el avión entra en el centro de un masivo tifón en el Pacífico, que lanza al avión de FedEx de un lado a otro como una muñeca de trapo en la boca de un perro. El sentenciado avión cae en las aguas del Océano Pacífico; la tripulación perece, pero Chuck es arrojado a las playas de una isla desierta y milagrosamente sobrevive. Así comienza su larga odisea como un náufrago.

Avancemos rápidamente a su milagroso rescate cinco años más tarde… la antigua novia de Chuck, que ha seguido adelante con su vida y se ha casado, le dice que la búsqueda se centró en el trazado de coordenadas del plan original de vuelo. Mirando al mapa del inmenso Océano Pacífico, ellos suponen que la incapacidad de los pilotos para comunicar la posición del avión, combinado con la desviación imperceptible del curso del avión, selló la suerte de Chuck e hizo que los esfuerzos de búsqueda resultaran en vano.

Una sociedad de náufragos espirituales

Después de aguantar más de dos horas del aislamiento y dolor cinematográfico de Chuck en una isla, cuando vi el mapa del escenario sentí como si alguien me hubiera dado una patada en las costillas y me hubiera dejado sin respiración. La comunicación cortada había resultado en cinco largos años de soledad en una isla desierta del Pacífico… y cambió para siempre la manera en que su vida se desarrollaría después de su rescate.

Soy bien consciente de que estoy hablando de una película de Hollywood. Pero de la misma forma que la comunicación cortada condenó a Chuck a ser un náufrago aislado, he visto de primera mano como *la falta de comunicación y relación entre los hombres ha creado una sociedad de náufragos espirituales*. Desviados de rumbo en su caminar con Dios, y sin informar a nadie de su situación espiritual o personal, nadie los conoce ni saben dónde se encuentran en relación con el Señor. Sus compases espirituales están claramente fuera de rumbo. El tiempo pasa, y cuando los tifones de las tentaciones los golpea, se van *bien* a la deriva. Lamentablemente, muchos hombres ni siquiera cuentan con una oportunidad de ser rescatados, porque nunca dieron a conocer su situación a nadie.

Cuando mi esposa Chrissy me pidió que animara a los hombres de nuestro grupo de parejas a que echaran una mano con el traslado de una familia, lo hice a regañadientes (porque *aborrezco* el ayudar a mover muebles). ¿Quién disfruta con cargar y descargar pesadas heladeras y toneladas de cajas, especialmente cuando son los trastos de otros? Pero Chrissy se había hecho amiga de Tina (la esposa) en el templo, y ella vio en eso una oportunidad para que los atendiéramos en su necesidad. Hans, el esposo de Tina, se mostró muy agradecido cuando tantos hombres aparecieron para ayudar aquel sábado por la mañana. Trasladamos todo, incluso hasta la bañera *jacuzzi* de pino, a su nueva dirección a una milla de distancia. Aunque eso de mover muebles no es lo que prefiero para cultivar relaciones de hombres (prefiero pasarme medio día en una caminata en bicicleta por la montaña), hay algo especial en levantar muebles y mover cajas que une a los hombres. Y la fiesta con *pizza* que sigue después tampoco perjudica a nadie. A pesar de mi mala actitud en cuanto a cargar muebles, al final del día sentí que estábamos empezando a cultivar una amistad especial.

La vez siguiente que me encontré con Hans fue un mes más tarde en la iglesia. Le pregunté cómo había acabado la mudanza y terminé mencionándole cómo yo pensaba que Dios había usado el tiempo para unirnos ese día. Cuando dije eso, sus ojos se llenaron de lágrimas.

—Hans, ¿estás bien?

—Me sentía muy solo —dijo medio ahogándose.

—¿Qué dijiste?

Pensé que no le había oído bien. Respiró profundamente y me repitió de nuevo claramente.

—Kenny, me sentía muy solo.

En ese momento, Hans definió lo que yo creo es el dilema número uno que enfrentan los hombres cristianos: aislamiento. Hoy, más que en ningún otro tiempo en la historia, los hombres se sienten aislados emocionalmente y en sus relaciones. Sin duda, tenemos amigos y vivimos vidas muy ocupadas. Pero como una condición general, nosotros los hombres no estamos conectados unos con otros en propósitos profundos.

«Me sentía muy solo», dijo medio ahogándose.

Las lágrimas de Hans en aquel día subrayaron el anhelo que cada hombre siente en lo profundo de su ser: ser conocido, amado y valorado como un amigo por otros hombres. Los hombres de verdad quieren y necesitan amigos íntimos, pero nuestra incapacidad para ser vulnerables unos con otros crea lo que Preston Gillham, un experto en temas de hombres, llama «un ataque exclusivamente masculino: aislamiento». Hombres que nunca dudarían en arriesgarlo todo en un negocio o en los deportes, tienen enormes dificultades en ser ellos mismos vulnerables, arriesgando lo que hay dentro de sus almas.

DESPRENDÁMONOS DE NUESTRAS IMÁGENES

Hombres, esto es lo que trabaja en contra nuestra. Vamos caminando por la vida sin estar conectados y sin que nadie nos examine, pero somos muy cuidadosos en mantener una imagen sugiriendo que estamos bien cuando en realidad no lo estamos. El hombre que presentamos en público aparenta estar bien, pero en lo profundo de nuestro ser acumulamos mucha agitación y conflicto.

Pero no vivimos en un vacío; esas emociones tienen que ir a alguna parte. Algunos de nosotros que nos sentimos desconectados escogemos avenidas de alivio y consuelo fuera del plan de Dios, lo que solo nos trae consecuencias negativas a nuestras relaciones con Él y con otros. Nuestros conflictos emocionales quedan agravados por amargos conflictos espirituales a medida que el mundo, la carne y Satanás explotan nuestro aislamiento.

En cada conferencia de hombres, me encuentro con hombres de Dios que confiesan que juegan con la pornografía en el Internet, con aventuras ilícitas y con muchas sustancias. Otros se sumergen a sí mismos en el trabajo, en los equipos deportivos o en algunas aficiones para ayudarse a aliviar el dolor de sus vidas. Lamentablemente, esas diversiones son exactamente eso, diversiones. He encontrado que los hombres que no progresan en lo personal, lo espiritual o en sus relaciones, han llegado a ese estado triste porque no se arriesgan a relacionarse a un nivel sincero con otros hombres. ¡Pero necesitamos hacerlo! Los hombres relacionándose con otros hombres es exactamente donde Dios quiere que estemos. Es donde podemos conseguir ayuda cuando más la necesitamos, cuidarnos las espaldas unos a otros, animarnos y orar los unos por los otros, y preocuparnos lo suficiente como para confrontarnos, con el fin de llegar a ser los hombres que Dios quiso que seamos cuando nos creó: «Hermanos, si alguno de entre vosotros se ha extraviado de la verdad, y alguno le hace volver, sepa que el que haga volver al pecador del error de su camino, salvará de muerte un alma, y cubrirá multitud de pecados» (Santiago 5:19-20).

RELACIONARNOS ES UN MANDAMIENTO

Recuerdo cuando viajé a Alabama después de mi primer año en la universidad para visitar a mi hermano Lance. El año anterior, él me había ayudado a entender lo que significaba conocer a Cristo personalmente, de manera que anticipaba el momento cuando podría hablarle de cómo mi vida había cambiado desde aquel fatídico día. En otras palabras, quería relacionarme con mi hermano y ponerme al día.

Después de un largo viaje en avión hasta Alabama, llegué para ver a mi hermano emocionado que me recibía con un enorme abrazo de oso. Una vez instalado en el apartamento de Lance, nos quedamos hasta la madrugada escuchando música, comiendo y hablando acerca de todo, desde Dios hasta de guitarras. Esa noche fue de verdad mágica hasta que… Lance encendió un cigarro.

—¿Qué es eso? —le pregunté.

—Un cigarrillo. ¿Qué piensas que es?

—¿Por qué fumas?

—Solo fumo un paquete a la semana.

—Pero no debieras fumar —saqué la Biblia que él me había regalado hacía un año, y agregué—: ¿No dice aquí que nuestro cuerpo es un templo para el uso de Dios? Lo dice aquí en Corintios.

Entonces Lance hizo algo que yo no esperaba que hiciera. Tomó el cigarrillo sin encender, lo partió en dos y lo tiró a la basura, y dijo:

—Bueno, pues si es así, se acabó.

Increíble.

Por alguna razón esa noche algo le abrió los ojos a Lance: *Si Dios dice que no lo haga, entonces voy a dejar de hacerlo.* (Yo sé que la Biblia no prohíbe específicamente el fumar, pero creo que el principio de no hacer nada que dañe el templo de Dios debiera tomarse seriamente. Hay poca duda en la actualidad de que el tabaco es una seria amenaza para nuestra salud).

Sin vacilación, sin discusión y sin parches de nicotina (la NicoDerm todavía no se había inventado), mi hermano dejó de fumar y no se ha puesto en los labios otro de esos petardos causante de cáncer en más de veinte años. Mirándolo en retrospectiva, estoy pasmado por el hecho de que Lance fue fiel a su compromiso de dejar de fumar. El ímpetu inicial fue lo que un hermano en Cristo le dijo. Créame, después de ver lo que Lance hizo aquella noche, me siento *conectado* con él. Lo que él hizo fue grande a mis ojos.

A Dios le gusta mucho que estemos conectados con otros, porque le agrada que estemos conectados con Él. ¿Sabía usted que estamos dirigidos por Dios a buscar a otros? ¿A llevar a cabo esas conexiones de las que hemos estado hablando? Aquí están algunas de mis Escrituras favoritas para «conectarse»:

- «Fieles son las heridas del que ama; pero importunos los besos del que aborrece». (Proverbios 27:6)
- «Mantengamos firme, sin fluctuar, la profesión de nuestra esperanza, porque fiel es el que prometió. Y considerémonos unos a otros para estimularnos al amor y a las buenas obras; *no dejando de congregarnos*, como algunos tienen por costumbre, sino exhortándonos; y tanto más, cuanto veis que aquel día se acerca». (Hechos 10:23-25)
- «Ni el ojo puede decir a la mano: No te necesito, ni tampoco la cabeza a los pies: No tengo necesidad de vosotros». (1 Corintios 12:21)
- «Huye también de las pasiones juveniles, y sigue la justicia, la fe, el amor y la paz, *con los que de corazón limpio invocan al Señor*». (2 Timoteo 2:22)

El apóstol Pablo les dijo a los varones de Corinto: «¡Dejen de actuar como si no se necesitaran los unos a los otros!». El autor de Hebreos escribió que cuando vamos con otras personas por el mismo camino podemos mantener mejor nuestros compromisos. Según Proverbios, un buen amigo nos dice lo que *necesitamos* oír, no lo que nosotros *queremos* oír. *Somos mejores cuando estamos conectados.*

EN COMPAÑÍA DE HOMBRES

Cuando les preguntamos a los hombres si se sienten conectados, y ellos contestan diciendo que participan en los estudios bíblicos para parejas con sus esposas, les pregunto si ellos alguna vez se han atrevido a hablar de sus luchas con la lujuria en ese escenario. Todavía nadie me ha dado una respuesta positiva. En la compañía de mujeres, nunca hablamos de las cosas que necesitamos tratar como hombres, ni tampoco nuestras esposas son capaces de identificarse con las luchas en las que nos vemos metidos. (Este aspecto está tratado de forma muy completa en *La batalla de cada hombre,* escrito por Stephen Arterburn y Fred Stoeker).

He encontrado que los hombres no se hacen hombres en la compañía de mujeres. Por favor, entiéndanme, no estoy menospreciando a las mujeres cuando hago este comentario. Es sencillamente la manera en que Dios nos ha creado. *Los hombres se hacen hombres en la compañía de hombres.* Pregúnteselo a cualquier guerrero en cualquier cultura. (De hecho, muchos sociólogos nos dicen que esa es la razón por la que muchos jóvenes varones se sienten atraídos a las pandillas. Están buscando ser hombres en la compañía de hombres, incluso cuando lo intentan en la forma equivocada).

En la compañía de mujeres, nosotros nunca hablamos de las cosas que necesitamos tratar como hombres.

El grupo de hombres de Bernabé se reúne todos los viernes por la mañana en un café, y si bien no resulta nada fácil reunir las tropas a las 6:30 de la mañana, nadie se queja. Se han estado reuniendo durante los últimos tres años y ya están acostumbrados a entrar en los lugares difíciles de las vidas de otros. Están tan vinculados que ningún tema es tabú, en particular si alguno de ellos está luchando con algo. Estos hombres llevan a cabo actividades espirituales, estudian la Palabra de Dios buscando consejo en el que puedan confiar, comparten sus debilidades, oran unos por otros, y procuran ser responsables entre ellos para vivir como hombres de Dios.

Hemos aprendido que los grupos pequeños de hombres es un lugar excelente para la confesión, la consistencia, el cuidado y la conclusión.

Recientemente, Juan informó que no había entrado a lugares del Internet de pornografía como acostumbraba a hacerlo antes. Eduardo dijo que su viaje de negocios fue sin incidentes y que habló de su fe con otro hombre en el avión. Mateo describió las buenas relaciones que él y su esposa Carolina estaban disfrutando, lo cual era una respuesta a las oraciones después de las dificultades de la semana anterior. Cuando Javier anunció que a su hermana la acaban de diagnosticar con la enfermedad de Hodgkin, Tomás se sintió impulsado a ofrecerle un boleto de avión gratis que él tenía para que Javier pudiera ir a visitar a su hermana enferma. Y Bernabé aprovechó la oportunidad para confesar que estaba teniendo dificultades para relacionarse con Alicia, su esposa, y pidió consejo sobre cómo lograr superar los resentimientos que tenía que le privaban de amar a su esposa de la manera en que Dios le amaba a él.

Hemos aprendido que un grupo pequeño es un lugar excelente para lo que nosotros llamamos las cuatro C: confesión, consistencia, cuidado y conclusión. Los hombres que se reúnen con frecuencia se interesan por el bienestar espiritual de sus hermanos y pueden hablar con sinceridad acerca de las luchas y retos que enfrentan. En un grupo pequeño de hombres los secretos pierden su poder a medida que la Palabra de Dios se aplica a los asuntos específicos. Además, es buena la sensación de tener a alguien que cuida de tus espaldas. Esa es la forma en que los hombres de Dios se sienten conectados.

Hemos visto el progreso espiritual de cientos de hombres — quizás miles— en los últimos seis años. Los que están relacionándose en un grupo pequeño alcanzan sus metas espirituales mucho más rápidamente que los que permanecen espiritualmente náufragos y aislados. En vez de ser náufrago, el hombre de Dios cuenta con un apoyo que le sostiene.

Las relaciones estrechas entre los hombres de Dios está alimentando la siguiente ola de revolución espiritual. Estamos descubriendo la diferencia transformadora que esas relaciones pueden traer, y nos estamos convirtiendo en aliados íntimos en la lucha para terminar fuertes.

13

Una confesión valiente

A Chrissy le gustan mucho sus caminatas —esos paseos a paso ligero y moviendo los brazos por las calles del vecindario que, según ella, la ayudan a quemar calorías como un horno.

Para un atleta como yo, no resulta fácil entender el atractivo de esas caminatas. ¿Dónde está la emoción? Prefiero algo que me exija más en lo físico y estimule más mi mente, como un paseo en bicicleta por caminos de montaña. Así que cuando una mañana Chrissy me pidió que la acompañara en su caminata, no empecé a dar saltos de alegría, pero dije que sí porque no habíamos hecho muchas cosas juntos en los dos últimos días.

Esto será algo bueno para mí, pensé. *Además, haré algo que a ella le gusta hacer*. Una hora más tarde yo estaba agotado, no tanto por el ejercicio físico en sí, sino por todo el ejercicio de *hablar*. Nadie me había dicho que una *caminata de mujer* era también una *caminata de conversación*.

Yo nunca había cotorreado tanto mientras me ejercitaba con un amigo —es más, ni con doce amigos. He sabido de hombres que no pueden caminar y masticar chicle al mismo tiempo, pero a usted le hubiera gustado verme tratar de mantener aquel ritmo de paso y al mismo tiempo hablar con Chrissy. *Caminar-hablar, caminar-hablar, caminar-hablar*. Por supuesto, cuando los sentimientos de una mujer están heridos porque una amiga se olvidó de incluirla en su viaje de compras, el fin del mundo se está acercando con velocidad. De modo que le presté a Chrissy mi completa atención. A medida que ella describía el desaire, yo no podía creer la cantidad de energía que gasté para oír su angustia. Al final de nuestros 60 minutos de paseo, Chrissy sabía que yo estaba quemado. Me había llevado a aquella larga caminata y me había hecho polvo.

En lo que se refiere a lidiar con las emociones, los hombres corren por los montes... solos.

Pero yo experimenté algo más que fatiga física después de nuestra caminata; la mente la tenía agotada porque las mujeres deletrean la intimidad como H-A-B-L-A-R. Cuando las emociones surgen, las procesan y procesan hasta que no queda más carne en el hueso. Y las mujeres deben procesar. ¿Se ha dado cuenta que cuando una mujer se siente con estrés o enojada, llama con frecuencia a una amiga? Sus emociones de ansiedad salen de inmediato en sus palabras y en sus encuentros interpersonales, pero es debido a que Dios las ha diseñado para ser relacionales, alentadoras y para conectarse en un nivel emocional. Lo esencial: Estas maravillosas y complejas criaturas saben lidiar con sus sentimientos.

Pero nosotros no.

En lo que se refiere a lidiar con nuestras emociones, los hombres corren por los montes... solos. No somos muy buenos para enfrentar nuestros sentimientos, menos aun hablar de ellos. La mayoría de nosotros hemos sido entrenados para tratar nuestras emociones como calcetines malolientes que se deben lavar, secar y guardar en el cajón.

Cuando surgen las emociones, aparece «la escoba». Ella representa la parte subconsciente de cada hombre que elimina de forma metódica y lógica la amenaza que puede presentar una emoción no deseada. Su tarea es no permitir que ninguna situación se caliente demasiado y barrer toda emoción descarriada debajo de la superficie, donde pensamos que le corresponde estar.

- Escondemos y ocultamos el enojo.
- Interiorizamos la presión.
- Enterramos las pérdidas.
- Negamos estar heridos.
- Nos retiramos ante la verdad.
- Apartamos a las personas.
- Cambiamos el escenario.
- Mantenemos secretos.
- Ignoramos los hechos.
- Nos engañamos a nosotros mismos.
- Nos encerramos.
- Tememos el fracaso.
- Desviamos los errores.
- Culpamos a otros.
- Nos disculpamos a nosotros mismos de sentir las heridas de otros.
- Escondemos las luchas.
- Cambiamos el tema.

CONVERSACIONES DE DISTRACCIÓN

Hector pasó arrastrando los pies por la puerta de su casa, con la cabeza girándole. Después de seis meses de trabajar con el contrato de Orlando, recibió una llamada que derrumbó su mundo. Justo cuando estaban a punto de firmar el contrato, el nuevo presidente de la empresa había despedido al vicepresidente con el que él había estado trabajando, e inmediatamente quedaron pendientes todos los contratos con los vendedores externos.

Aunque este acontecimiento estaba completamente fuera de su control, Hector no quiso que su esposa Rebeca supiera lo que estaba sucediendo —en particular después de la batalla reciente que sostuvieron sobre las finanzas familiares— o para ser más específico, sobre la triste falta de dinero que padecían.

—¿Cómo han ido hoy las cosas en el trabajo —preguntó Rebeca.

—Bien, todo normal. Aquí huele muy bien. ¿Qué estás preparando para cenar?

Buena cortina de humo, Hector.

Andrés sabía que aceptar su tercer viaje de negocios en tres semanas podía hacer naufragar su barco familiar, pero no podía admitir que se había equivocado al decir que sí. Tami sabía que él podía organizar su programa de otra manera, y no estaba dispuesta a aceptar sus excusas de por qué no había podido decir no.

—Parece que tu familia es tu última prioridad —indicó ella—. Este va a ser el segundo año seguido que te vas a perder la visita al colegio de tu hija.

En vez de reconocer que sus viajes podían estar afectando a la familia, Andrés se puso a la defensiva y dijo algo que inmediatamente le pesó:

—¡Alguien tiene que ganar el dinero en esta casa!

Bonita excusa.

Jacobo sabía que su amigo Alejandro le preguntaría cómo le iban las cosas. Pero en esta ocasión, Jacobo tenía la esperanza de que su amigo cristiano no apareciera para el café que solían tomar juntos el viernes por la mañana. La noche anterior, Jacobo había escrito las palabras clave *entretenimiento de adultos* en la página de búsqueda del Internet y para cuando terminó de pasar varios cientos de páginas tres horas más tarde, se sentía sucio y lejos de Dios.

Jacobo deseaba poder decir algo… recibir algo de ayuda… pero Alejandro era un anciano de la iglesia, y si se enteraba que Jacobo era un adicto a la pornografía del Internet, lo llamarían a una reunión de urgencia de la junta de ancianos, después de la cual él tendría que llevar a cabo alguna forma de penitencia pública. Jacobo no tenía valor para enfrentar esa situación, de forma que se calló.

Buen encubrimiento, pastor Jacobo.

La primera prima hermana de la sinceridad para el hombre de Dios es la confesión. Pero en general los hombres no nos distinguimos en esto. Nos ahogamos con frases como:

- «Estaba equivocado».
- «Lo siento de veras».
- «Tienes razón».
- «Te tengo que pedir perdón».

Somos cobardes. No tenemos el valor de confesar porque esto nos fuerza a enfrentar a nuestras acciones y a nosotros mismos. A nadie le gusta hacer eso. Revelar nuestros malos hábitos o asuntos es demasiado arriesgado, de forma que es mucho mejor permanecer escondido. Pero las consecuencias son mucho peores.

- Perdemos la intimidad con Dios.
- Perdemos la intimidad con nuestras esposas.
- Perdemos la intimidad con nuestros hijos.
- Perdemos nuestra credibilidad con otros.
- Perdemos la relación con la verdad.
- Perdemos el compañerismo con el Espíritu Santo.
- Perdemos algo valioso de nuestro carácter.
- Perdemos días, semanas, meses y aun años de gozo y paz.

TENEMOS TEMOR

Si Marcos admite su adicción al juego, su esposa le va a culpar por el hundimiento de su matrimonio y le dejará. Si Diego comparte con su esposa sus luchas con la masturbación, ella va a pensar que es un pervertido sin dominio propio, y se sentirá asqueada de tener relaciones sexuales con él. Si Patricio acepta ir a un consejero matrimonial, su influencia como líder de un grupo pequeño de parejas quedará por los suelos. Si Gerardo reconoce que es un esclavo de sus acreedores y es incapaz de sujetarse a un presupuesto, no solo va a quedar avergonzado, sino que su estilo de vida va a tener que cambiar.

El temor lleva a los hombres a mantener los secretos bien guardados.

El temor lleva a los hombres a mantener los secretos bien guardados. Pero el problema con guardar secretos u ocultar los problemas es que, en realidad, ayuda a formar y reforzar algunos comportamientos que desagradan a Dios.

Si quiere un caso clásico de estudio sobre el impacto del temor, no busque más lejos que Adán mismo. En el huerto del Edén, Adán lo tenía todo: No había preocupaciones, no tenía facturas que pagar, no hijos, no suegras, ningún dolor físico y ningún vecino —y mucho tiempo de calidad con su compañera— una joven y hermosa mujer llamada Eva.

Sus vidas idílicas cambiaron con rapidez después de comer del fruto prohibido. Ahí en el huerto del Edén, donde nunca había tenido que temer nada, Adán se enfrentó repentinamente a un *auténtico* temor: admitir, ante una evidencia abrumadora, que había hecho algo que estaba mal.

Adán se convirtió oficialmente en la primera persona, aunque de cierto no la última, de «excusar y acusar», como le gusta decir a mi pastor Rick Warren. Y esta es con frecuencia nuestra forma de reaccionar cuando Dios saca a la luz algo que estamos tratando de mantener escondido. Observe cómo Adán se queja a Dios acerca de la injusticia que estaba sufriendo:

¿Has comido del árbol de que *yo te mandé* no comieses?
Y el hombre respondió: *La mujer que me diste por compañera me dio* del árbol, y yo comí. (Génesis 3:11-12)

Un segundo comportamiento, que surge de nuestro temor de exponer nuestros sentimientos, es que nos hacemos distantes. Nos distanciamos de Dios y de las personas. En el caso de Adán, él se alejó de Dios porque se sintió culpable y avergonzado: «Tuve *miedo*, porque estaba desnudo; y me *escondí*» (Génesis 3:10).

Un tercer comportamiento, generado por el temor de perder control, es que nos hacemos más exigentes. Cuando tenemos temor de que vamos a perder el control, luchamos más para estar por encima de las personas, de las conversaciones y de las situaciones. La relación de Adán y Eva quedó transformada para siempre al empezar Adán a jugar el antiguo juego del control, como si él la hubiera inventado. Al pensarlo bien, *él mismo lo inventó*, como lo demuestra la provocación de Satanás a Eva: «Tu deseo será para tu marido, y él se enseñoreará de ti» (Génesis 3:16).

Un cuarto comportamiento causado por el temor es que nos hacemos engañadores. En otras palabras, continuamos pretendiendo ser alguien que en realidad no somos. El apóstol Juan estaba bien familiarizado con ese impostor cuando escribió: «Si decimos que no tenemos pecado, *nos engañamos a nosotros mismos*, y la verdad no está en nosotros» (1 Juan 1:8).

Cuando el hombre de Dios trata de mantener secretos, unas cualidades enfermizas entran en su carácter, y se aísla de Dios y de las personas que más le necesitan. El Señor quiere que nos abramos. Quiere ayudarnos si le dejamos. Pero dejarle dirigirnos a salir de donde nos ocultamos ha sido una barrera por siglos, como nos lo muestra esta observación del Concilio de Trento, en 1551:

> Cuando los fieles a Cristo se esfuerzan por confesar los pecados que pueden recordar, sin duda alguna los ponen ante la misericordia divina para su perdón. *Pero aquellos que no lo hacen y conscientemente se reservan algunos pecados*, no ponen nada ante la bondad divina para su perdón. Porque si el enfermo está tan avergonzado que no muestra sus heridas al médico, la medicina no puede curar lo que no sabe que existe.

O como Steve ha dicho muchas veces: «La apertura es a la sanidad lo que los secretos son a la enfermedad». Cada vez que oigo a Steve decir esas palabras, siento como que me enfrento a dos alternativas: Puedo ocultarlo o puedo arriesgarme a que los demás lo descubran.

Esa decisión trae grandes consecuencias, buenas o malas.

ROMPAMOS EL SILENCIO

Nunca olvidaré la vez que regresé a casa después de un largo viaje de negocios y me di cuenta de una figura sospechosa que aguardaba en la puerta de nuestra casa. Era Chrissy que estaba a la entrada de la puerta principal con una mano en su cadera y con la otra sostenía un cuaderno que yo había estado usando como parte de un programa de recuperación, cuando yo buscaba ayuda como un hijo adulto de un alcohólico. Había dejado el cuaderno en casa por error.

Si había un libro de tapa negra que yo quería mantener oculto de mi esposa, era este. Dentro de este cuaderno de Doce Pasos había profundas preguntas que investigaban mi pasado y me pedían que escribiera el inventario más sincero de mis heridas y hábitos personales. Digamos que había respondido a las preguntas con bastante sinceridad.

De manera que en vez de recibir un «¡Bienvenido a casa, mi amor!», Chrissy lanzó el primer torpedo.

—¿Eres un adicto al sexo? —me preguntó, y todo su cuerpo estaba temblando al lanzarme esta pregunta. Ella había leído algunos de mis pensamientos acerca de la tentación a masturbarme, y a partir de eso empezó a conectar algunas cosas en su mente.

—No exactamente, mi amor. Escucha, te lo puedo explicar todo —dije con mis palmas abiertas.

—Te escucho —dijo moviendo el cuaderno enfrente de mi nariz.

Cuando el hombre de Dios trata de mantener secretos, él se aísla de Dios y de las personas que más le necesitan.

Si bien esta no era la manera en que me hubiera gustado empezar a hablar del tema, Dios usó esta situación para llevarme a poner el asunto sobre la mesa. Incómodo y nervioso al principio, fui al final capaz de compartir con mi esposa que este es un asunto con el cual luchan muchos hombres. También le hablé de mi convicción de que la masturbación no debiera emplearse como una vía de escape.

—Cuando era un adolescente —dije—, yo usé este comportamiento como una droga para sentirme mejor. Cuando me hice cristiano, me comprometí con el Señor a no practicar este hábito.

—¿Y es un problema ahora?

—No, gracias a Dios, a ti, y a los amigos que me apoyan y me ayudan a ser responsable. Eso no quiere decir que la tentación desaparece. Es bueno que sepas que estoy abordando esto a la manera de Dios, y necesito tu apoyo para mantener mi compromiso con Él.

—Esto me asustó —dijo ella, moviendo el cuaderno negro—, pero creo que entiendo.

—Tienes que comprender, Chrissy, todos los hombres son estimulados visualmente, pero algunos nos estamos capacitando para controlar nuestros ojos y cuerpo de forma que podamos invertir nuestra energía en nuestros matrimonios.

Yo podía ver que esto era algo nuevo para ella, una educación sin duda alguna.

—Está bien —dijo ella en ese tono catártico que nos indicaba a ambos que estábamos haciendo alguna clase de resolución. Chrissy sabía que yo no le estaba echando encima una palada de estiércol. Ella estaba mentalmente a bordo y ambos sentíamos paz emocional. Lo más importante, ella estaba consciente de mis luchas y estaba dispuesta a ayudarme.

¡Uf! Eso es lo que se llama una confesión en la que ganan todos.

La confesión tiene que ver con romper el silencio y arriesgarse a que los demás lo sepan, como yo lo descubrí de una manera muy personal. Esto es muy difícil porque los secretos son, con frecuencia, el último dominio del control humano. Por el otro lado, sacar a la luz secretos muy guardados puede ser lo más transformador y liberador que usted haga jamás. Es más, yo diría que es imposible para el hombre de Dios confesar hasta que no pueda reconocer abiertamente sus defectos, sus pecados y sus luchas ante Dios *y* ante el hombre.

Si esto le parece como algo que está fuera de lugar, escuche lo que Dios dice en su Palabra:

- «*Si confesamos nuestros pecados*, él es fiel y justo para perdonar nuestros pecados, y limpiarnos de toda maldad». (1 Juan 1:9)
- «He aquí, *tú amas la verdad en lo íntimo*, y en lo secreto me has hecho comprender sabiduría». (Salmo 51:6)
- Haga de esto su práctica diaria: «*Confesaos vuestras ofensas unos a otros*, y orad unos por otros, *para que seáis sanados*». (Santiago 5:16)

No podemos vivir en intimidad con nadie cuando estamos ocultando algo de ellos. Nadie se va a acercar a nosotros cuando mantengamos nuestras cartas muy pegadas a nuestro pecho. Por eso es que Dios requiere la confesión. Él quiere estar cerca de nosotros. Esto ciertamente no es para Su beneficio (Noticia de última hora: Dios ya conoce lo que vamos a confesar antes de que lo confesemos), pero la confesión, sin duda nos beneficiará a *nosotros*. Pero Dios no para aquí; quiere que nos abramos con otras personas acerca de nuestras luchas.

En esto es donde los hombres piensan que la confesión va muy lejos. Bastantes hombres preocupados nos han preguntado: «¿Por qué requiere Dios la confesión a otros creyentes?».

Primero, esa es una de las grandes razones por las que existe el cuerpo de Cristo, a fin de que tengamos un lugar a donde ir con nuestras luchas y pecados. Segundo, nuestros problemas se hacen más reales y concretos cuando salen a la luz, en vez de ser un secreto con el cual lidiaremos en un momento más conveniente para nosotros. Tercero, la confesión a otros creyentes genera una responsabilidad saludable que fortalece los pensamientos y acciones del hombre hacia lo que le lleva a pecar. Cuarto —y esto vemos que sucede muchas veces en nuestros estudios bíblicos para hombres—, la confesión abre la puerta para recibir ánimo, apoyo y consejo de otros hombres. Y, por último, la confesión sincera produce unidad entre los hombres y anima a otros con luchas similares a que salgan a la luz.

La confesión no es algo que sucede una vez: Es un estilo de vida y una disciplina espiritual para el hombre de Dios.

¿Qué vida quiere usted?

UNA VIDA DE…	O	UNA VIDA DE…
Orgullo		Humildad
Ocultación		Apertura
Engañarse a sí mismo		Sinceridad
Limitar el poder de Dios		Desatar el poder de Dios
Independencia		Interdependencia
Sin responsabilidad		Responsabilidad
Apariencias		Autenticidad
Sabotear las relaciones		Fortalecer las relaciones
Crear distancias con las personas		Crear intimidad
Enfermedad física		Mejor salud
Resentimiento		Gozo
Inseguridad		Seguridad en la voluntad de Dios
YO ELIJO EL SECRETO		**YO ELIJO LA CONFESIÓN**

HAGA DE LA CONFESIÓN UNA DISCIPLINA ESPIRITUAL

Una vez que me encontraba en Sacramento, un hombre se encaró conmigo acerca del tema de la confesión y me preguntó a quemarropa:

—Bueno, Kenny, ¿qué beneficio recibo si me arriesgo y confieso?

—¿Quiere más del poder de Dios en su vida? —le respondí

—Sí.

—¿Quiere propinarle a Satanás un puñetazo en la barbilla?

—Absolutamente —me dijo sonriendo.

—¿Quiere que las personas confíen en usted y estén cerca de usted?

—Sin duda.

—¿Quiere que Dios le use más?

—Con todo mi corazón.

—Estupendo. Entonces no tenga secretos.

Si Satanás es el padre de la mentira, la confesión le priva de los puntos de apoyo que los secretos han creado para él.

Alguien dijo una vez: «La mayor debilidad es no ser consciente de ninguna». Me hubiera gustado saber el nombre de esa persona para haberle dado el crédito por ayudarme a ver por qué Dios nos ha dado la confesión como una herramienta de crecimiento espiritual. Las Escrituras nos animan a que hagamos una confesión sincera porque produce extraordinarios resultados en la vida del hombre de Dios.

Cuando Dios le dijo al apóstol Pablo: «Mi poder se perfecciona en la debilidad» (2 Corintios 12:9), le estaba diciendo que cuando el hombre de Dios está en momentos en que es más vulnerable, el poder de Dios fluye con más libertad hacia él. La confesión nos pone en ese lugar.

Jesús dijo: «Porque todo aquel que hace lo malo, aborrece la luz y no viene a la luz, para que sus obras no sean reprendidas. Mas el que practica la verdad viene a la luz, para que sea manifiesto que sus obras son hechas en Dios» (Juan 3:20-21).

Después de leer eso, veo la confesión como un arma ofensiva que merma el poder de Satanás para influenciarme. Si Satanás es el padre de la mentira, la confesión le priva de los puntos de apoyo que los secretos han creado para él.

«El que encubre sus pecados no prosperará; mas el que los confiesa y se aparta alcanzará misericordia», nos promete Proverbios 28:13. Al pensarlo bien, la confesión crea credibilidad. Practicar la confesión lleva a la transparencia. La transparencia produce vulnerabilidad ante otros. Cuando un hombre es vulnerable con sus compañeros, se hace más creíble para todos los demás. La credibilidad en nuestras relaciones crea confianza. Y cuando la confianza está presente, se obtiene una verdadera intimidad.

Cualquier cobarde puede esconder su problema. Solo los valientes pueden confesarlo. Como descubriremos en el siguiente capítulo, esta clase de valor y de disciplina es posible solo por medio de una estrecha asociación con el Espíritu Santo.

14

Su guía personal

En la frontera entre el Nepal y el Tibet se encuentra el Santo Grial de los escaladores del mundo: El monte Everest. El monte más alto del mundo que alcanza la altura de 8.848 metros por encima del nivel del mar y atrae a muchos hombres y mujeres aventureros de todo el mundo —algunos los llamarían imprudentes— que buscan la prueba suprema de la determinación física y de la fortaleza mental.

Los equipos que intentan escalar el Everest gastan decenas de miles de dólares en viajar hasta allá, en adquirir equipos de alta montaña, equipos de Posición Global, sistemas de comunicación mediante satélite, botellas de oxígeno y otros varios accesorios para mejorar sus posibilidades de sobrevivir en la escalada. Sin embargo, aun con toda esa avanzada tecnología para escalar montañas, los escaladores de hoy tienen que confiar en un elemento del viejo mundo si es que quieren llegar a la cima del Everest.

A esto me refiero: En las laderas sur del Himalaya en el Nepal, en una región conocida como Solu-Khumbu, existe una pequeña sociedad de ocho mil personas conocida universalmente como los serpas. Desde que los británicos organizaron la primera exploración en 1921, cada expedición ha confiado en los guías serpas. Sin estos hombres duros y adaptados a las grandes alturas, usted no podría acercarse, mucho menos conquistar, al impresionante y poderoso Everest. El conocimiento íntimo que los serpas tienen de esa montaña y de su temperamento, del terreno y de los peligros es sencillamente indispensable.

Hace algunas décadas, un serpa se destacó por encima de todos los demás. Su nombre era Tenzing Norgay, y a la edad de diecinueve años, se unió a unos escaladores dirigidos por el británico Eric Shipton, en 1935. La gran labor de Tenzing le ganó el primer lugar como guía y escalador con las demás expediciones que siguieron. Por ejemplo, él dirigió a Robert Lambert, de la famosa expedición suiza, hasta 257 metros de la cima en 1952, la máxima altura a la que nadie había llegado hasta ese momento.

Por fin, la obsesión británica con ser los primeros en alcanzar la cima del Everest, los llevó a reclutar a Tenzing y luego a formar un equipo con un apicultor neozelandés llamado Edmund Hillary. Este esfuerzo a gran escala —450 serpas transportaron abastecimientos a varios campamentos a lo largo de la ruta— llevó al equipo formado por Tenzing y Hillary a la cima el 29 de mayo de 1953, con el nombre de Hillary entrando en los libros de historia como el primer hombre que había escalado el monte más alto del mundo. Si bien el mundo entero vio el nombre y las fotos de Hillary en todos los periódicos y revistas, él debe ese lugar en la historia a la humilde presencia que le guió con mucho cuidado hasta la cumbre. Puede que Hillary llegara a la cima el primero, pero no estaba solo allí. Él contaba con un guía y compañero.

¿Se puede usted imaginar lo que hubiera ocurrido si a unos pocos cientos de metros de la cima, Hillary hubiera dejado su asociación con Tenzing? ¿Cree usted que él hubiera tenido la sabiduría para seguir adelante por sí mismo entre aquellos peligrosos precipicios de hielo?

Necesitamos un guía

Tenzing era el único hombre de la expedición que había estado antes a unos pocos cientos de metros de la cima, y Hillary estaba usando esa experiencia y pericia para su esfuerzo final hasta la cumbre. Esto es lo que quiero decir: El error que veo cometer a los hombres de Dios es intentar alcanzar nuevas alturas espirituales sin alguna clase de ayuda que los guíe a lo largo del camino. Ellos dejan el campamento base llenos de esperanza, listos para caminar por la vida, pero olvidándose de que podrían llegar más lejos, y alto, si se acordaran de llevar con ellos a un Guía: el Espíritu Santo.

Los cambios infunden temor. Los cambios requieren aceptar nuevos riesgos. Los cambios también pueden llevarnos al siguiente nivel.

¿Quién es el Espíritu Santo? Bastantes de los hombres que conozco tienen solo una idea vaga acerca de la persona y del papel del Espíritu Santo. Si usted es uno de esos hombres, no se sienta mal. Muchas personas pasan por alto al Espíritu Santo, quien es parte de la Trinidad de Dios, y lo que puede hacer por nosotros. Él es el Consejero, el Consolador, el Espíritu de verdad, y nuestro Ayudador que mora dentro de todos los que han puesto su confianza en Cristo Jesús para la salvación. Creo que pocos hombres se dan cuenta que pueden tener una estrecha asociación con el Espíritu Santo, alguien que va a hablarles directamente dentro de sus mentes y que caminará con ellos a cada paso a lo largo del camino. De hecho, si usted se lo permite, lo guiará a la cumbre de cualquier montaña que usted quiera escalar.

Pero tiene que estar listo para adaptarse. Consideremos a Rogelio e Ignacio como una ilustración práctica de este hecho. Rogelio había contratado a Ignacio para la empresa hacía dos años, pero en una reorganización reciente de la compañía, cosa que solía suceder en la empresa cada pocos meses, a Rogelio lo despidieron.

Cuando Ignacio encontró a Rogelio limpiando su escritorio, se sintió muy mal por su antiguo jefe.

—¿Qué pasó con la notificación de dos semanas que se suele dar? —preguntó Ignacio.

— Ya te dije hace un mes que esto era una posibilidad.

—Sí, pero el plan era que tú recibieras la tarea de Pedro, y yo te ayudaría a manejar la región occidental.

—Bueno, ese es todavía el plan, pero ahora va a ser un poco diferente, eso es todo —dijo Rogelio—. Hablé con Pedro acerca de tu deseo de levantar el negocio en la zona occidental y con el tiempo acercarte adonde viven tus familiares. Él está de acuerdo, pero tendrás que trabajar en su departamento durante noventa días antes de que eso pueda suceder.

¿Qué? ¿Por qué tengo que trabajar bajo su supervisión?

—Ignacio, la meta es la misma, y el resultado será el mismo, pero tienes que trabajar con Pedro. ¿Puedes hacer eso?

—Pienso que sí —respondió Ignacio—. Pero creo que no tengo otra opción, ¿no es cierto?

—No, no la tienes —contestó Rogelio—. Solo tienes que conocer a Pedro, trabajar con él y todo te irá bien.

Los cambios infunden temor. Los cambios causan incomodidad. Los cambios requieren aceptar nuevos riesgos. Los cambios también pueden llevarnos al siguiente nivel. Aprender a confiar en el Espíritu Santo puede ser algo nuevo para usted, pero anímese a conocerle. Le irá *más* que muy bien.

LA TRANSICIÓN Y CONFIANZA: DEMOS EL PASO SIGUIENTE

Los discípulos también se alarmaron cuando Jesús les habló acerca de una transición inminente que tendría lugar después de su partida de la tierra. Jesús sabía que sus discípulos sin líder podían decidir alejarse una vez que Él ya no estuviera físicamente con ellos. Por eso tuvo tanto cuidado en hablarles de esta transición, aunque sabía que ellos solo serían capaces de absorberlo un poco intelectualmente y casi nada emocionalmente. Puesto que Jesús estaba comprometido con su último éxito, no los dejaría solos en la montaña sin ayuda apropiada. Veamos cómo Cristo les expresó su meta y su plan:

Si me amáis, guardad mis mandamientos. Y yo rogaré al Padre, y os dará otro Consolador, para que esté con vosotros para siempre: el Espíritu de verdad, al cual el mundo no puede recibir, porque no le ve, ni le conoce; *pero vosotros le conocéis, porque mora con vosotros*, y estará en vosotros. No os dejaré huérfanos; vendré a vosotros. (Juan 14:15-18)

Me puedo imaginar las expresiones de sorpresa en sus rostros. ¿Qué? Un par de discípulos se quedarían rascándose la cabeza, pensando: *Bueno, hace unos pocos minutos Él hablaba de irse para preparar un lugar para nosotros, y ahora nos está diciendo que no se va. ¿Otro Consolador? ¿Y dónde va a vivir?* Jesús sabía que la naturaleza de estos planes causaría una gran sorpresa en el sistema, por eso repitió sus planes unos pocos minutos después. Esta vez Jesús les dio más detalles con respecto a que el Espíritu Santo ocuparía su lugar para guiar a sus seguidores:

Pero yo os digo la verdad: Os conviene que yo me vaya; porque si no me fuera, el Consolador no vendría a vosotros; mas si me fuere, os lo enviaré. Y cuando él venga, convencerá al mundo de pecado, de justicia y de juicio.

Pero cuando venga el Espíritu de verdad, *él os guiará a toda la verdad*; porque no hablará por su propia cuenta, sino que hablará todo lo que oyere, y os hará saber las cosas que habrán de venir. El me glorificará; porque tomará de lo mío, y os lo hará saber. *Todo lo que tiene el Padre es mío; por eso dije que tomará de lo mío, y os lo hará saber.* (Juan 16:7-8, 13-15)

Puedo ver a Pedro hablándole al oído a Andrés y diciéndole: «¿De qué está hablando? No entiendo bien esto que está diciendo acerca de ese Espíritu Consolador que nos está describiendo». En realidad su respuesta a todo este diálogo fue: «No entendemos lo que habla» (Juan 16:18). Al final, Pedro y los demás llegaron a entenderlo con el tiempo, por medio de la experiencia y del riesgo de la fe.

**«Pero cuando venga el Espíritu de verdad,
él os guiará a toda la verdad». (Juan 16:13)**

He encontrado que para muchos hombres ir a la iglesia, asistir a estudios bíblicos, servir en un ministerio y hacer un esfuerzo para relacionarse con otros, sin duda, son cosas realizables; pero eso de abrazar esta asociación con el Espíritu Santo es algo que nunca han buscado.

¿Y qué de usted? ¿Qué es lo que está haciendo con el Espíritu Santo? Él espera para guiarle, mostrarle el camino y darle dirección en asuntos pequeños y grandes. La realidad es que poseemos el Espíritu de Dios y contamos con instrucciones claras en la Palabra de Dios sobre Su papel y cómo trabajar con Él.

Su paso siguiente como hombre de Dios es entender la persona del Espíritu Santo y llegar a conocerle con intimidad. Entonces estará dispuesto a asociarse con Él y a alcanzar nuevas alturas espirituales. Escuche lo que el Espíritu Santo está listo para hacer en nuestras vidas ahora mismo:

- Cambiar nuestros corazones (vea Ezequiel 36:26).
- Llevarnos a una mayor obediencia a la Palabra de Dios
  (vea Ezequiel 36:27).
- Recordarnos lo que Dios nos ha pedido que hagamos
  (vea Juan 14:26).
- Guiarnos a la verdad y enseñarnos (vea Juan 16:13).
- Darnos poder para hablar de nuestra fe (vea Hechos 1:8).
- Alejarnos de las malas obras (vea Romanos 8:13).
- Recordarnos que somos hijos de Dios (vea Romanos 8:16).
- Ayudarnos en nuestras debilidades e interceder por nosotros
  (vea Romanos 8:26).
- Darnos dones espirituales para usarlos para Dios
  (vea 1 Corintios 12:11).
- Llevarnos a la victoria sobre los deseos de nuestra naturaleza
  pecaminosa (vea Gálatas 5:16).

El Espíritu Santo, a semejanza de una buena aspiradora, no es eficaz a menos, en cierto sentido, que esté conectado. A pesar de dónde se encuentre usted en cuanto al entendimiento del Espíritu Santo en su vida, la Palabra de Dios hace imperativo para el hombre de Dios que inicie, cultive y mantenga una estrecha asociación con el Espíritu. Como toda relación fuerte, esta también requiere deseo, diálogo y decisiones continuas de trabajar juntos. Si decidimos no buscar la relación, tanto el hombre como el Espíritu Santo sufren una pérdida auténtica. Tenga en mente este pensamiento:

Y no contristéis al Espíritu Santo de Dios, con el cual fuisteis sellados para el día de la redención. (Efesios 4:30)

¡SOMÉTASE A SU INFLUENCIA!

Ricardo no tenía esperanza cuando salió tambaleándose de aquella fiesta nocturna para graduados, con más alcohol en su cuerpo que el que le permitía el límite establecido por la ley. Lo último que necesitaba hacer era ponerse detrás del volante de su auto, mucho menos uno de dos toneladas que se convirtió en un arma mortífera en el mismo momento en que él encendió el motor.

A Ricardo se le cerraron los ojos en medio de una curva, y se salvó gracias a que el pasajero que le acompañaba agarró el volante y evitó que se saliera de la carretera. Aunque le dijo a su acompañante que él se encontraba bien, Ricardo no recuerda dónde dejó a su amigo ni cómo llegó él a casa.

Por la gracia de Dios, se despertó a la mañana siguiente con un gran dolor de cabeza y por el ruido de los golpes a su puerta. Algunos de sus amigos se habían acercado a la casa para ver cómo se encontraba. Al salir al exterior con sus amigos, uno de ellos señaló hacia el nuevo SUV de sus padres y dijo: «¡Ricardo, mira!». Al mirar en la dirección que su amigo apuntaba, se quedó aturdido y su cabeza comenzó a dar vueltas de nuevo. Toda la parte del pasajero estaba aplastada. De repente, una noche de fiestas se convirtió en algo más que una diversión inocente. *¿Quién o qué le había golpeado? ¿Cuáles habían sido los daños? ¿Cuánto costaría todo eso?* Ricardo tenía muchas cosas que explicar, pero no tenía ningún recuerdo de lo que había pasado. Había estado completamente bajo los efectos del alcohol.

Cuando un hombre está bajo la influencia del alcohol (o de cualquier droga) entrega su control a la influencia de esa sustancia. Sus habilidades motoras, su capacidad mental y juicio quedan todos reducidos. En esa condición alterada, sus acciones adquieren una nueva naturaleza diferente de cuando su sistema sanguíneo está libre de alcohol.

Pregúntele a alguien que haya crecido al lado de un padre alcohólico (como yo), y esa persona le contará experiencia tras experiencia acerca del dolor y de la miseria que se desarrolló en esa familia. Todo cambia cuando un miembro de la familia toma regularmente. Le resulta difícil hablar. Las palabras, o no tienen sentido o se usan en contra de las personas. El enojo se desata. La depresión aumenta. Es como si hubiera una bomba de tiempo en la casa con el mecanismo en marcha que puede explotar en cualquier momento.

Irónicamente la Biblia usa esa familiaridad que tenemos con el alcohol y su influencia sobre las personas para ilustrarnos esta misma enseñanza. Refiriéndose en este caso al hombre de Dios en lo concerniente a su relación con el Espíritu Santo:

Por tanto, no seáis insensatos, sino entendidos de cuál sea la voluntad del Señor. No os embriaguéis con vino, en lo cual hay disolución; *antes bien sed llenos del Espíritu,* hablando entre vosotros con salmos, con himnos y cánticos espirituales, cantando y alabando al Señor en vuestros corazones; dando siempre gracias por todo al Dios y Padre, en el nombre de nuestro Señor Jesucristo. (Efesios 5:17-20)

La cuestión principal para el hombre de Dios y el Espíritu Santo es *control*, y Dios quiere que eso suceda llenándonos con su Espíritu Santo. La palabra *llenar* en el lenguaje original de la Biblia significa «estar influenciado completamente por» o «estar poseído totalmente por» un agente que controla. De modo que si yo permito que el alcohol me influencie por completo al beber en exceso, este terminará controlando mis acciones, lo que me llevará a la ruina.

«Andad en el Espíritu, y no satisfagáis los deseos de la carne. Porque el deseo de la carne es contra el Espíritu». (Gálatas 5:16)

Lo contrario es cuando el hombre de Dios *entrega el control total a la influencia del Espíritu Santo, lo cual le lleva a acciones que son coherentes con el plan de Dios.* No solo es deseable para el hombre de Dios estar lleno e influenciado por completo por el Espíritu Santo, sino que en realidad es una orden directa —el tiempo verbal que se usa en la Biblia está en imperativo. En otras palabras, el hombre de Dios *debe* estar lleno del Espíritu Santo.

La Biblia nos dice que o bien vamos a estar dominados por nuestros apetitos pecaminosos o tendremos hambre de agradar a Dios. Cuando le decimos sí al Espíritu Santo, estamos diciéndole no a los pecados que hicieron que Jesús muriera por nosotros. También estamos aceptando el fuerte liderazgo y llamamiento del Espíritu de Dios en nuestras vidas. Cuando eso sucede, experimentamos una nueva vida, como dice el apóstol Pablo:

Digo, pues: *Andad en el Espíritu*, y no satisfagáis los deseos de la carne. Porque el deseo de la carne es contra el Espíritu, y el del Espíritu es contra la carne; y éstos se oponen entre sí, para que no hagáis lo que quisiereis.

Mas el fruto del Espíritu es amor, gozo, paz, paciencia, benignidad, bondad, fe, mansedumbre, templanza; contra tales cosas no hay ley. Pero los que son de Cristo han crucificado la carne con sus pasiones y deseos. (Gálatas 5:16-17, 22-23)

¿Está usted lleno del Espíritu Santo?

Hay una antigua historia que compara la guerra entre la carne y el espíritu, a dos perros que luchan dentro de nosotros. Un hombre le preguntó a un predicador: «¿Quién gana al final?». El predicador respondió: «El que usted alimente».

Alimentamos la capacidad del Espíritu Santo de ganar esas batallas en nuestras vidas cuando nos rendimos a su control, nos nutrimos regularmente de la Palabra de Dios, cultivamos un oído sensible a su dirección y sus recordatorios, y confesamos rápidamente cuando fallamos. Así es de sencillo. Debido al papel vital del Espíritu Santo en nuestro éxito espiritual, debemos empezar el día pidiéndole que nos llene. Una cosa es tener un paquete de sistemas y programas instalado en el disco duro de la computadora y otra cosa es usarlo. El Espíritu Santo fue instalado en nosotros desde el momento de nuestra salvación, y eso es algo permanente. La oración es cómo el hombre de Dios inicia y aplica las capacidades del Espíritu para el bien. Veamos una forma en que usted puede orar para que Él haga eso:

Espíritu Santo, yo sé que te necesito. Sé que soy tentado a estar en control de mi vida, y cuando lo estoy, me pierdo tus planes maravillosos. Siento mucho cuando hago eso y no debiera hacerlo. Gracias por tu presencia constante en mi vida. Te pido, Espíritu Santo, que tú tomes el control de mi vida ahora mismo y me llenes como tú deseas hacerlo. Dirígeme, guíame, háblame, y abre mis ojos al plan de Dios para hoy. Gracias por tomar el control. En el nombre de Jesús. Amén.

Estar lleno del Espíritu Santo no significa entrar en un momento de crisis emocional, sino más bien es una acción continua de fe que se experimenta momento a momento, de situación en situación, cada día. Como aprenderemos en el capítulo siguiente, cuando el hombre de Dios se llena con la Palabra de Dios así como también del Espíritu Santo, él también se convierte en un poderoso hombre de oración.

15

Utilicemos el poder

Energía y funcionamiento. Si le falta uno, se le acabará el otro. A los teléfonos celulares hay que recargarlos. Los aparatos electrodomésticos necesitan estar enchufados. Los atletas se deben alimentar con carbohidratos y proteínas. Las linternas necesitan baterías eléctricas. Podemos proponernos en nuestro corazón hacer algo, pero no podemos olvidarnos de la realidad que el entusiasmo no puede sustituir a la energía, el verdadero poder que hace que sucedan las cosas.

¿Será cierto que dejamos sin realizar las misiones más importantes y los logros personales sin alcanzar porque carecemos del poder para terminar? La mayoría de los hombres con los que me encuentro y aconsejo quieren ser hombres mejores, pero carecen de la capacidad para elegir algo diferente en el momento. Las buenas noticias es que el poder que marca la diferencia está disponible y es accesible. Solo necesitamos verlo y asegurarlo. Para montar la escena, déjeme hablarle acerca de un hombre que vio el poder y lo utilizó para un propósito.

Mientras crecía, Arthur Powell Davis escuchó las aventuras de su tío John, que dirigió exploraciones en el río Colorado y el Gran Cañón del Colorado durante las décadas de 1860 y 1870. Esos fascinantes relatos estimularon su imaginación como jovencito. Se imaginaba precipicios altísimos y recortados, torrentes de agua de un río embravecido que amenazaban con hundir las embarcaciones en cualquier momento, y los hombres valientes que se enfrentaban a esas potentes fuerzas. Cuando

Arthur terminó la secundaria se matriculó en la Universidad George Washington, en Washington, D.C., donde completó sus estudios de ingeniería civil antes de volver a sus raíces y su pasión: El poderoso río Colorado.

Un trecho en particular del río Colorado fascinaba a Arthur Davis. Cerca de la punta del sur del estado de Nevada, el río entraba en un desfiladero impresionante conocido como Black Canyon. Las paredes eran más elevadas que ningún rascacielos que Arthur hubiera visto jamás, y el río pasaba como un torrente furioso a través de ese paso tortuoso y retorcido. El poder y la majestad del poderoso río Colorado, combinado con aquel igualmente formidable desfiladero, despertó una visión de ingeniería en la mente de aquel joven ingeniero civil: El Black Canyon era el lugar perfecto para una presa de retención del agua, una presa que proveería de fuerza hidroeléctrica a potencialmente millones de familias en los estados de Nevada, California y Arizona. Una presa que podía controlar las inundaciones y ayudar a regar miles de hectáreas de tierra para la agricultura. Una presa-embalse que podía crear un enorme lago artificial que atraería a miles de turistas.

Todo aquel poder increíble es apenas una gota en un balde comparado con la inmensa reserva de poder que está listo y disponible para el hombre de Dios: el poder de la oración.

Durante veinte años, Arthur Powell Davis promovió la idea de la construcción de una presa-embalse en el Black Canyon, convirtiéndolo en un tema de interés nacional antes de que tuviera que abandonarla frente a la burocracia gubernamental y disputas políticas. Pero a medida que los ciclos de sequías e inundaciones incapacitaban el crecimiento de la industria agrícola en el suroeste, Washington al fin dio su aprobación a la presa de Boulder en 1927.

Después de varios años de planificación y preparación, incluyendo la construcción de túneles de desviación de aguas cortando a través de las rocas del Black Canyon, las primeras cubetas mecánicas de hormigón fueron echadas dentro del molde más grande de la historia de la humanidad el 1 de junio de 1933. La última cubeta de hormigón se echó en 1935, dos años antes de la fecha fijada.

Tiempo después se le cambió el nombre a Presa Hoover, y fue, sin precedente alguno, la presa más grande que jamás se había construido hasta esa fecha. Una estructura de arco-gravedad que se eleva 221 metros por encima del lecho de piedra del río, todavía es la presa de hormigón más alta del hemisferio occidental. Tiene 201 metros de anchura en su base y 14 metros de anchura en la cima, y se extiende en una longitud de 379 metros a lo ancho del Black Canyon.

El ingenioso informe de ingeniería de Arthur Powell Davis sobre cómo disponer de esta convergencia de roca y río fue la base del anteproyecto para la presa. La visión de ingeniería civil de usar este vórtice de la naturaleza para control de la corriente de agua y generación de poder eléctrico se había por fin realizado.

Y así es como la Presa Hoover genera poder. Verifique estas estadísticas impresionantes:

- El agua cae 162 metros sobre diecisiete gigantescas turbinas hidroeléctricas que tienen una capacidad de tres millones de caballos de fuerza.
- Los diecisiete generadores, con una capacidad de 388.000 kilovatios, convierten la rotación de las turbinas de fuerza mecánica en electricidad.
- En el año record de 1984, la planta hidroeléctrica Hoover generó la cantidad neta de 10.348.020.000 de kilovatios/hora de fuerza.
- Once ciudades en Nevada, Arizona y el sur de California dependen de los kilovatios generados por la Presa Hoover para alumbrar y suministrar energía para sus comunidades, un beneficio para millones de personas.

Los números son tan elevados que no podemos entender cuánto poder producen esos generadores. No obstante, todo ese poder increíble es apenas una gota en un balde comparado con la inmensa reserva de poder que está lista y disponible para el hombre de Dios: el poder de la oración. Verifíquelo:

> Y Aquel que es poderoso para hacer todas las cosas *mucho más* abundantemente de lo que pedimos o entendemos, según el poder que actúa en *nosotros*. (Efesios 3:20)

EL VÓRTICE

Dentro de cada hombre de Dios hay un vórtice vivo y palpitante de poder sobrenatural. Por medio de la oración, depositamos nuestra fe en una persona poderosa y en sus promesas. Considere estas promesas:

> Por cuanto en mí ha puesto su amor, yo también lo libraré; le pondré en alto, por cuanto ha conocido mi nombre. Me invocará, y yo le responderé; con él estaré yo en la angustia; lo libraré y le glorificaré. (Salmos 91:14-15)

> *Promesa de Dios: Te rescataré, acudiré en tu ayuda y te levantaré.*

> Porque yo sé los pensamientos que tengo acerca de vosotros, dice Jehová, pensamientos de paz, y no de mal, para daros el fin que esperáis. Entonces me invocaréis, y vendréis y oraréis a mí, y yo os oiré; y me buscaréis y me hallaréis, porque me buscaréis de todo vuestro corazón. Y seré hallado por vosotros, dice Jehová, y haré volver vuestra cautividad, y os reuniré de todas las naciones y de todos los lugares adonde os arrojé, dice Jehová; y os haré volver al lugar de donde os hice llevar. (Jeremías 29:11-14)

Promesa de Dios: Renovaré tu esperanza y dirigiré tu futuro.

Clama a mí, y yo te responderé, y te enseñaré cosas grandes y ocultas que tú no conoces. (Jeremías 33:3)

Promesa de Dios: Yo responderé personalmente y revelaré verdades poderosas.

Venid a mí todos los que estáis trabajados y cargados, y yo os haré descansar. Llevad mi yugo sobre vosotros, y aprended de mí, que soy manso y humilde de corazón; y hallaréis descanso para vuestras almas; porque mi yugo es fácil, y ligera mi carga. (Mateo 11:28-30)

Promesa de Dios: Aliviaré la presión y lo sustituiré con descanso.

Y todo lo que pidiereis en oración, creyendo, lo recibiréis. (Mateo 21:22)

Promesa de Dios: Recibirás cuando llames, busques y pidas.

Por nada estéis afanosos, sino sean conocidas vuestras peticiones delante de Dios en toda oración y ruego, con acción de gracias. Y la paz de Dios, que sobrepasa todo entendimiento, guardará vuestros corazones y vuestros pensamientos en Cristo Jesús. (Filipenses 4:6-7)

Promesa de Dios: Sustituiré tu ansiedad con paz.

El hombre de Dios tiene una invitación clara a utilizar el almacén personal de Dios de poder y propósito. Así como el río Colorado estaba esperando que Arthur Davis controlara y canalizara su poder, Dios está esperando que nosotros utilicemos su asombroso poder. La realidad, para muchos de nosotros, es que no tenemos ni idea de los beneficios personales de la oración o estamos demasiado apresurados como para aflojar el paso y meternos a practicar la oración. Tenemos que «pensar diferente» como dice el anuncio de las computadoras Apple.

EL MOTIVO: ¿RELACIÓN O SOLO ALIVIO?

A los pocos minutos de levantarse de la cama, Felipe ya se está afeitando entre tragos de café, para luego meterse en la ducha y poder vestirse. Unos minutos después desconecta su teléfono celular del cargador, mete en su cartera unas barras nutritivas y una botella de agua y sale por la puerta. Tan pronto como se mete en la carretera de peaje, prende su teléfono, se coloca los audífonos y empieza a escuchar los mensajes que ya le están llegando de la zona de la costa este del país. Incluso a esta hora temprana, Felipe ya tiene siete nuevos mensajes en el sistema de buzón telefónico. Presta atención a cada uno de ellos, a veces escribiendo unas notas o números de teléfonos en la libreta que tiene a mano. Entonces llega el momento de empezar a llamar.

Cuarenta y cinco minutos más tarde para en el estacionamiento que su empresa ha reservado para él, hablando todavía por el teléfono. Sigue hablando mientras se encamina hacia el brillante edificio de oficinas. Rumbo a su cubículo grande, una asistente le pasa cinco mensajes más, incluyendo una misiva urgente de parte de su jefe que quiere que él maneje la presentación del viernes por la mañana en Los Angeles.

Felipe enciende su computadora, se conecta con el programa de correo electrónico y su pantalla al instante se llena de encabezamientos en letras negritas que representan correos electrónicos nuevos sin leer. *¿No limpié ya todo esto ayer?*, se pregunta a sí mismo. Durante la siguiente media hora revisa estos mensajes, digiriendo con rapidez los de información y respondiendo a los otros.

Le quedan diez minutos antes de su reunión a las nueve con los de la Oficina Legal, de modo que saca la carpeta de los contratos de Pittsburg, se toma un trago de café y se enfoca en los párrafos subrayados por la Oficina de Manejos de Riesgos para que él los vuelva a negociar. En el momento en que llega su cita de las nueve de la mañana, su esposa Ana lo llama para recordarle que: (1) llame al agente de bienes raíces para darle su número de Seguridad Social, (2) no olvide recoger a Julia en el campo de fútbol a las 5:30, y (3) recuerde el estudio bíblico para parejas de esa noche. Felipe se pregunta por un momento si habrá hecho su tarea para el estudio. Lo duda. Mientras Ana sigue hablando, el botón de aviso de la línea dos se enciende, es la oficina de Recursos Humanos (RH) que llama para recordarle que a las 10:30 de la mañana tiene que bajar para reunirse con un empleado que lo van a despedir porque están eliminando personal en el departamento de mercadotecnia. Vuelve a conectarse con la línea uno y dice: «Mi amor, tengo que dejarte. Te quiero. Hasta luego».

La tendencia de Felipe es esperar principalmente a que se presenten situaciones difíciles antes de ir a Dios en oración.

Mientras busca la carpeta correspondiente a RH, recuerda por décima vez que en esa semana tiene que poner en el correo la solicitud de posponer su tarea como jurado antes de mañana o de lo contrario le van a multar.

«Felipe», entra su secretaria. «Su reunión de las 10:30 le espera en RH». Con la carpeta en la mano, se mete en el ascensor y presiona el botón de la segunda planta. Todo está en silencio. Felipe respira hondo. Eso de despedir empleados es siempre la peor tarea, y él lo sabe bien. Para un segundo y ora: «Señor, por favor, ayúdame».

¿Qué es lo que impulsa al hombre de Dios a la oración? Al investigar esta pregunta entre los hombres, las respuestas más comunes que oímos es que son las situaciones de crisis las que llevan a la mayoría de ellos a buscar a Dios en oración. El escenario de

Felipe es el típico de la mayoría de nosotros. Procura llegar al trabajo a tiempo, cumple bastante bien con la mayoría de sus citas; cumple con diligencia las llamadas pendientes de su oficina. Maneja fielmente de cincuenta a sesenta mensajes electrónicos por día. Pide que todas las llamadas de su esposa se las pasen, y maneja los detalles de su vida personal y laboral con bastante, aunque no perfecta, efectividad.

Felipe ciertamente está consciente de Dios, pero vamos a expresarlo de esta manera: Está mucho más consciente cuando está en un «escenario de Dios» como los domingos por la mañana en la iglesia o su estudio bíblico entre semana. En esos días, ¿cómo deletrea Felipe la palabra «alivio»? O-R-A-C-I-Ó-N. Felipe sabe que su tendencia por lo general es esperar a que se presenten situaciones difíciles antes de ir a Dios en oración. Se da cuenta de que su vida de oración podría y debería ser mucho mejor. Pero parece que le cuesta trabajo incluir unas conversaciones regulares con su Creador en el fluir de la vida diaria normal.

Me pregunto qué piensa Dios de todo esto. ¿Se puede imaginar una relación con un amigo que se pone en contacto con usted solo cuando necesita un favor o para pedir disculpas por algo? Esa persona no sería su mejor amigo ni siquiera un amigo cercano. Pero escuche cómo Felipe habla por teléfono con su amigo y compañero de caminatas en bicicleta por la montaña

—Hola, Miguel. Soy Felipe. ¿Cómo te va, hermano?

—Ahora mismo lo único que tengo en mente es que debemos escaparnos de las esposas este sábado por la mañana e irnos al Cañón de Santa Ana para un paseo intenso en bicicleta.

—Huy, está buena la idea. Pienso que las esposas nos dejarán en paz si estamos en el camino justo al amanecer —dijo Felipe.

—¿Al amanecer? Bueno… Sí, hay que hacerlo. Necesito una buena caminata en bicicleta. ¿Has tomado ya tu almuerzo?

—No, y estoy hambriento. ¿Te parece bien un emparedado de chorizo en la cafetería Moines?

—Claro que sí. Pero lleguemos antes que se llene el lugar. ¿Está bien a las 11:45?

—Hecho, allí te espero, y te llevaré el artículo que encontré acerca de tu bicicleta.

—Estupendo. Te veo en quince minutos.

Miguel es el amigo inseparable de Felipe. Cuando se juntan algo sucede. En esos momentos les domina un espíritu contagioso. Su amistad refleja su historia, sus muchas experiencias, sus conversaciones, sus paseos en bicicleta por los caminos de montaña y los dolores que han sufrido. Se conocen bien el uno al otro, y se nota cuando conversan. Hay pasión en sus voces. Los dos hombres salen de sus pláticas sintiéndose renovados, consolados, entendidos y conectados en una forma sana. Se siente siempre que caminan marcando el mismo paso. Se benefician mutuamente.

Me temo que demasiados hombres no se dan cuenta de que pueden tener aun una *mejor* relación de amigos con Jesucristo. Y no estamos hablando de tener que dedicar mucho tiempo de oración para que eso suceda —eso sería un mal entendimiento del contexto y propósito de la oración. Por el contrario, cuando el hombre de Dios pone la oración en la esfera de la interacción con Dios, él habla con Dios no solo cuando está buscando alivio o consuelo, sino (lo que es más importante) porque Dios es un confidente íntimo e indispensable. Así como los encuentros y experiencias de Miguel con Felipe le han ganado a Miguel la «primera llamada», así también el encuentro de Jesús con la cruz le ha ganado para siempre nuestra «primera llamada».

Busque en las Escrituras los límites en los cuales tenga que encajar la oración, y no los encontrará.

¿Qué es lo que le impulsa a orar y a compartir su vida con Jesús momento a momento? ¿Es un alivio o una relación? ¿Qué es lo que mueve al hombre de Dios a buscar la conexión que puede darle el consuelo y dirección del Espíritu Santo por medio de la oración? Es lo que el hombre de Dios y Jesucristo tienen en común: Una cruz. Eso ha hecho la relación posible, y es lo que anima a que nuestras conversaciones sean continuas.

Si bien Dios con frecuencia recibe y responde a nuestras oraciones con entusiasmo y con mucho gusto (aunque a veces tenemos que esperar para recibir su respuesta, pues Él tiene un programa diferente), su deseo es que la comunicación sea mucho más que la simple presentación de nuestros problemas personales. Él quiere que nosotros gocemos de su poder como también de su persona.

La práctica: ¿Actitud o solo actividad?

Las peticiones de oración que recibí recientemente por correo electrónico en la computadora en casa se parecen a algo así:

- La hija adolescente de Rogelio se marchó de casa. «Por favor, ore».
- Juan perdió su trabajo esta semana. «Recuérdele en sus oraciones».
- Los resultados de la biopsia de María indican que tiene cáncer. «Tenga a María, Ricardo y los muchachos presentes en sus oraciones».
- Andrés tiene entrevistas con tres empresas en esta semana. «Pida a Dios que le dirija a él y a nuestra familia al trabajo que más conviene».

Ciertas ocasiones indican o impulsan a la oración. En cada uno de estos casos, la oración está relacionada con un suceso específico. Esta clase de relación con la oración está inculcada en las comunidades de fe y nos ha llevado a aprovecharnos de la oración basada en la situación o circunstancias. Y si bien estas situaciones sin duda invitan y debieran involucrar la oración, la práctica de la oración no debiera tener puntos de comienzo o de término, situaciones apropiadas o inapropiadas, ni siquiera ciertos momentos establecidos. Busque en las Escrituras los límites en los cuales tenga que encajar la oración y no los encontrará. La oración corresponde a todo momento y a todo lugar. Por ejemplo:

- «También les refirió Jesús una parábola sobre la necesidad de *orar siempre*, y *no desmayar*». (Lucas18:1)
- «Orando en *todo tiempo* con toda oración y súplica en el Espíritu, y velando en ello *con toda perseverancia* y súplica por todos los santos». (Efesios 6:18)
- «*Siempre* orando por vosotros». (Colosenses 1:3)
- «*Perseverad en la oración*, velando en ella con acción de gracias». (Colosenses 4:2)
- «*Orad sin cesar*. Dad gracias *en todo*, porque esta es la voluntad de Dios para con vosotros en Cristo Jesús». (1 Tesalonicenses 5:17-18)
- «Quiero, pues, que los *hombres oren en todo* lugar». (1 Timoteo 2:8)

Para el hombre de Dios, la oración debiera ser el elemento distintivo que marca su pensamiento y abordamiento a todo lo que pueda tener un impacto espiritual, eterno o práctico en su vida o para el bien del Reino de Dios. Para el hombre de Dios, la oración es una *actitud* que adopta hacia las situaciones y relaciones en la que se encuentra metido. Es como un radar que está siempre funcionando, rastreando constantemente el horizonte.

Pasado un tiempo, la comunicación con Dios debiera sentirse como algo natural porque estamos acostumbrados a pensar en hacerlo. Esto es porque sabemos que la oración cambia el curso de las cosas. Depender de Dios significa que reconocemos que Él es más poderoso que nosotros, mucho más poderoso.

Tratar de manejar la vida sin orar es como tratar de mover un volante con dirección asistida después de apagar el motor. Uno *apenas* puede mover el auto a la derecha o a la izquierda, y requiere toda la fuerza de los músculos de sus brazos para llevarlo a parar junto al camino. Lo que podía haber sido un paseo suave en auto se convierte en una lucha de fuerza para mantener el control. Solo un tonto *quiere* manejar un auto en esas condiciones.

No obstante, eso es exactamente lo que hacemos cuando decidimos viajar por la vida sin el poder inimaginable de la oración. Haga que la oración funcione en su vida, como Arthur Davis hizo con el poder del río Colorado, y usted estará utilizando una fuente de poder que le permitirá experimentar el gozo de la vida, ganar la paz y perspectiva de Dios, y llevar a cabo lo que parece imposible.

16

Perseverancia bajo presión

Todos me decían que muy pronto lograría permanecer de pie, que eso de esquiar en el agua con un esquí era facilísimo. Todo lo que tenía que hacer era perseverar, intentarlo otra vez. Pero ahí me hallaba después de otro fracaso espectacular, pasando trabajo en el agua y sintiéndome más frustrado que nunca.

—Ya casi lo has conseguido —me decía mi amigo Todd, el hombre más optimista del mundo—. Seguro que lo consigues hacer la próxima vez.

—Vamos a dejar que ahora lo haga otro —dije, empezando a sentirme malhumorado.

—No, Kenny. Te hablo en serio. Vas a permanecer de pie sobre el esquí la próxima vez. Solo recuéstate en el agua y verás como te levanta. Inténtalo otra vez.

—Está bien, vamos—dije para mí. En mi cabeza yo iba pensando: *¡Qué mentiroso!*

—¿Tienes la cuerda entre las piernas?

—Sí —dije, dándole a Jaime la indicación de mi pulgar hacia arriba para que arrancara el bote.

A medida que el bote aceleraba, me eché hacia atrás y luché contra el tirón con mis brazos. *¡Tú puedes hacerlo. Vamos, Kenny!* Empecé a sentir la resistencia del agua en todo mi cuerpo. Perdí mi posición y en un instante me encontraba volando para caer de cabeza sobre la estela de agua. Mi caída tan espectacular debió de parecer grandiosa desde el bote, pero yo había fracasado otra vez. Nunca pensé que *yo* iba a necesitar tanto tiempo para lograr permanecer de pie en un esquí acuático.

«¡Caramba!», grité frustrado al golpear la superficie del agua con la palma de mi mano mientras observaba que el bote hacía un círculo para regresar adonde yo estaba y recogerme otra vez. No me rindo fácilmente, pero la realidad —combinada con la fatiga y la frustración— empezaba a dominarme y hacerme pensar en abandonar. La última caída había sido mi décimo intento de levantarme y permanecer de pie sobre un esquí. No solo mis brazos estaban a punto de caerse, sino que este triste espectáculo acuático lo estaba viendo un bote lleno de amigos burlones —aunque animadores— que no paraban de reírse de mí. En mi mente, lo único lógico que quedaba por hacer era tragarme el orgullo (en vez de más agua) y reconocer el fracaso. El único problema estaba en que *ellos* no me iban a permitir hacerlo.

—Ya casi lo has logrado, Kenny. La próxima vez te sale bien —me prometió Todd.

—Y te va a salir bien Kenny —me dijo Chrissy. Aun mi esposa se sentía todavía optimista.

—¡Vamos, Papá. Tú puedes hacerlo! —me dijo mi hijo Ryan. Y sin duda alguna yo no quería desilusionarle.

—Casi casi, Kenny —me dijo Denise, la esposa de Todd.

—Te ves bien, Papá —dijo Cara. Mi hija tampoco había perdido la esperanza.

—Está bien. Vamos —dije mostrando un valor que no tenía.

O me tenían lástima, o estaban disfrutando verme retorcerme, contorsionarme y caer de cara.

En el siguiente intento, me levanté enseguida, me emocioné demasiado, y pronto desaparecí escondido en la estela de agua. A la vez siguiente me levanté otra vez, pero perdí el contacto y di dos volteretas. ¡Eso duele! A la *siguiente* me levanté, incliné todo mi cuerpo hacia atrás —y para mi gran asombro— me encontré deslizándome precariamente por el agua sobre un esquí, también para el asombro y maravilla de mis entusiastas partidarios en el bote. La victoria me resultó muy dulce en esos primeros segundos de éxito mientras luchaba por *permanecer* de pie.

Yo estaba pensando: *Ponte erguido. Échate para atrás. Afirma los brazos. Sonríe y actúa como si esto lo hubieras hecho toda la vida.*

Aquella experiencia de esquiar sobre el agua puso a prueba mi resolución. Eso de caer repetidas veces enfrente de los demás casi destruyó mi voluntad. Yo quería resultados, pero estos no estaban llegando conforme a mi programa y horario. Yo esperaba unas pocas caídas, pero *no tantas*.

Cuando me hallaba entre mi tercera y cuarta caída, toda mi actitud mental cambió de buscar la perfección sobre el agua en un esquí a una actitud de firme perseverancia de un caballo de carreras. Todd, el hombre que manejaba el bote, había enseñado a tantas personas a esquiar sobre el agua que sabía que yo necesitaba perseverancia; él no estaba dispuesto a dejarme abandonar hasta que lo consiguiera.

«Porque siete veces cae el justo, y vuelve a levantarse». (Proverbios 24:16)

Habiendo visto a Dios formar y moldear vidas de hombres a lo largo de los años, Steve y yo con frecuencia nos sentimos como Todd, el conductor del bote: Hemos visto nuestro cupo de principiantes espirituales que son incapaces de permanecer parados sobre su esquí acuático. Ser cristianos puede *parecer* divertido y fácil, pero cuando el conductor pisa el acelerador, el principiante aparece sobre la superficie por un brevísimo momento antes de perder su equilibro espiritual, y chapotear de nuevo. Eso puede ser bastante frustrante, especialmente después de que ocurre diez veces seguidas en una hora.

Gracias a Dios que sus expectativas son diferentes de las nuestras. Preste atención a la voz liberadora que habla de lo que

Él piensa sobre nuestra peregrinación espiritual como hombres de Dios:

- «Mas la senda de los justos es como la luz de la aurora, que *va en aumento* hasta que el día es perfecto». (Proverbios 4:18)
- «Porque *siete veces cae el justo,* y *vuelve a levantarse*». (Proverbios 24:16)
- «Ocupaos en vuestra salvación con temor y temblor, porque Dios es el que en vosotros produce así el querer como el hacer, por su buena voluntad». (Filipenses 2:12-13)

Estas imágenes gráficas dicen más que mil palabras.

Somos como el boxeador que le tumban una y otra vez, pero se levanta de nuevo y sigue peleando. Somos como el minero de una mina de plata que se pone un casco, desciende a la mina, y sigue trabajando en ella hasta que sale a la superficie con algo precioso al final de la jornada. Nuestra peregrinación espiritual nos mantiene levantándonos después de cada caída, nos anima a aparecer cada mañana en la boca de la mina de plata. Los hombres de Dios son realistas *y* optimistas, mirando con esperanza al futuro.

Así que agradecidos por lo que Dios ha hecho en nuestras vidas, seguimos adelante. Debido a nuestra devoción a Él y a nuestros compañeros de peregrinación, persistimos. Movidos por la obediencia, continuamos. Animados por la fe, perseveramos.

SIGAMOS ADELANTE

—Kenny, es Deb.

—¿Cómo va todo, Deb?

Siempre que mi hermana llama con ese tono de preocupación en su voz sé que las noticias no van a ser buenas.

—Es Papá. Es bueno que vengas a verle cuanto antes.

—¿De verdad? ¿Qué ha pasado?

—Le hemos tenido que llevar a la UCI (Unidad de Cuidado Intensivo) y no está muy bien. Si quieres tener la oportunidad de hablar con él, este es el momento.

—Mañana voy para allá en el primer avión que encuentre— dije con mi cabeza dando vueltas—. Te hablaré más tarde

Seis meses antes, a la edad de ochenta años, mi padre se había sometido a una seria intervención quirúrgica del corazón. Después de una lenta recuperación, estaba empezando a ganar un poco de peso que necesitaba mucho. Estaba tratando de caminar un poco más y de hacer cosas por sí mismo, de modo que cuando mi hermana llamó, fue una gran sorpresa. Todos sabíamos que este día tendría que llegar tarde o temprano, pero no tan pronto.

Este era el momento para que la familia se reuniera, volando a Sacramento desde Canadá, Connecticut, Oklahoma y el sur de California. Me despedí de Chrissy y de los niños, y me uní a la familia en la vigilia en Sacramento, la capital de California.

Mientras me hallaba en Sacramento recogí un mensaje que me habían dejado en el celular. Era mi amigo Pablo en el sur de California, que de una forma calmada me pedía que me pusiera en contacto con él inmediatamente.

—Hola, Pablo, te habla Kenny.

—Hola, ¿tú sabes lo que está pasando?

—Saber, ¿qué?

—Estoy aquí con tu suegro en la UCI en el Hospital de Misión. Él se sentía mareado, se desmayó y cayó al suelo esta mañana en su casa. Le están haciendo toda clase de pruebas y análisis. Puede que haya sufrido un derrame cerebral.

—¡¿Cómo?!

—Con todo lo que está pasando con tu padre, quería que tú me llamaras a mí con el fin de poder prepararte.

Otro amigo, llamado Benjamín, llamaría más tarde a toda esta experiencia «La tormenta perfecta», una de esas raras crisis que a veces convergen al mismo tiempo y golpean nuestras costas con una trágicamente perfecta armonía. Sí, Chrissy y yo no estábamos nada preparados para esto. Para complicar más las cosas, nuestro matrimonio y vida familiar estaba pasando por sus propios estreses internos. Las presiones de empezar el ministerio Every Man's Ministries, cuidar de tres hijos en las edades de diez años para abajo, y tratar de escribir mi tercer libro (¡este!) terminaron siendo una carga pesada. Para hacer que esta Tormenta perfecta resultara aun más sobrecogedora, Rusty, nuestro perro Labrador, de 41 kilos de peso, se enfermó y ensució nuestra casa y garaje de forma tal que había que andar detrás de él limpiando a cada hora.

¿Ha habido algún momento en su vida tan malo que la energía que le quedaba era solo para clamar a Dios? Así fue como yo me sentí aquel día.

Pero espere, aun hay más. Después de correr al aeropuerto de Sacramento para regresar a casa, me enteré que mi vuelo había sido cancelado y que lo más pronto que podría regresar al hogar sería a la mañana siguiente.

Parece que las cosas se ponen cada vez mejor, pensé para mí.

Me quedé allí sentado en la sala de espera del aeropuerto, sudado y cansado. Lejos de casa y con la cabeza dando vueltas. Con Papá muriendo y el papá de Chrissy en la sala de emergencias. Con las presiones matrimoniales, las presiones del trabajo, las presiones de los viajes y las presiones del hogar. Mi vida se encontraba totalmente descontrolada. Me sentía como si hubiera tratado de ponerme de pie sobre el esquí acuático durante las últimas diez horas.

Todo lo que podía hacer es volver a lo básico y fundamental, y orar: «Señor Jesucristo, ten misericordia de mí».

¿Ha habido algún momento en su vida tan malo que la energía que le quedaba era solo para clamar a Dios? Así fue como yo me sentí aquel día.

A TRAVÉS DEL HURACÁN

La mayoría de los hombres que tienen el valor de acercarse a mí en una conferencia no han estado descansando con sosiego y tomando el sol. Se hallan en medio de tormentas violentas que están abrumando sus vidas. Están luchando para hacer que las cosas tengan sentido. Al tiempo que los conflictos rugen dentro y fuera, están tratando de encontrar el camino a través de sus huracanes personales:

- separaciones
- enfermedades mentales familiares
- matrimonios moribundos
- hijos que se alejan
- fracasos en los negocios
- criar hijos sin compañero
- deudas descontroladas
- demandas legales
- jefes insoportables

Estos son los momentos de prueba: Los problemas, las sorpresas, las revelaciones y las pérdidas inesperadas, los largos inviernos que no se acaban nunca. ¿Seguiremos confiando? ¿Flaquearemos? ¿Seguiremos viviendo a la manera de Dios? ¿Dejaremos que ganen las emociones? ¿Saldremos de los apuros? ¿Seguiremos luchando? ¿Perseveraremos? El hombre de Dios está siempre en el cruce de caminos.

Y esto es lo que dice el indicador en el cruce de caminos:

Así que no pierdan la confianza, porque ésta será grandemente recompensada. *Ustedes necesitan perseverar* para que, después de haber cumplido la voluntad de Dios, reciban lo que él ha prometido... Pero mi justo vivirá por la fe. Y si se vuelve atrás, no será de mi agrado. Pero nosotros no somos de los que se vuelven atrás y acaban por perderse, sino de los que tienen fe y preservan su vida. (Hebreos 10:35-36, 38-39, NVI)

El mensaje es muy claro: *La perseverancia bajo presión agrada a Dios*. Para el hombre de Dios, esto puede significar:

- Permanecer en el camino de Dios en ausencia de resultados inmediatos.
- Buscar los propósitos de Dios cuando surgen las circunstancias que están fuera de nuestro control.
- Continuar orando para que se haga la voluntad de Dios en toda circunstancia.
- Cumplir la voluntad de Dios, ya sea que nos guste o no.
- Estar satisfecho con la recompensa que puede venir en la vida eterna en oposición a esta.
- Resolver los conflictos con nuestras esposas, incluso si eso requiere quedarnos hasta las 2:00 de la madrugada.
- Establecer los límites con nuestros hijos, basados en la Palabra de Dios.
- Permanecer sexualmente puros.
- Hacer un buen trabajo y ganarnos nuestra paga, aun cuando no estamos locos de entusiasmo con la empresa ni con el trabajo.
- Llamar a un amigo varón para ayudarle a luchar contra sus tentaciones.
- Acudir a un consejero matrimonial con nuestras esposas para una segunda visita, incluso después de una mala primera reunión.
- No abandonar nuestras relaciones con otros hombres cristianos.
- Aceptar la ayuda de otros para hacer lo que es correcto delante de Dios.
- Decir no a más trabajo a fin de que podamos decir sí a Dios y a nuestra familia.
- Servir a nuestras esposas sin resentimiento, porque eso agrada a Dios.

Resulta fácil ser un hombre de Dios cuando la vida va bien, ¿no es cierto? Pero es otra cosa ser fieles en pensamiento, palabra y hechos cuando nos vemos atrapados en el vórtice de las tormentas de la vida. Pero ese es el momento preciso cuando el hombre de Dios se levanta a enfrentar los retos con integridad. **Nuestra respuesta** *prueba y revela* la verdadera profundidad de **nuestro carácter espiritual.**

La fe bajo presión

Dios considera que la perseverancia es una disciplina espiritual clave para la vida cristiana de éxito:

> Hermanos míos, tened por sumo gozo cuando os halléis en diversas pruebas, sabiendo que la prueba de vuestra fe produce *paciencia*. Mas tenga la paciencia su obra completa, para que seáis perfectos y cabales, sin que os falte cosa alguna. (Santiago 1:2-4)

Nunca es la voluntad de Dios que huyamos de los problemas. ¿Por qué? Porque cuando perseveramos, avanzamos al siguiente nivel. Mi amigo Todd sabía que si yo perseveraba (aun cuando deseaba abandonar), con el tiempo me montaría sobre un esquí. Tenía razón. La perseverancia es como esa serie adicional de repeticiones, o esa carrera adicional, o esa serie adicional de abdominales que en realidad nos harán más fuertes la próxima vez que sometamos nuestros cuerpos a la prueba. Así como la perseverancia física lleva a resistir y continuar, así también la perseverancia espiritual lleva a la fortaleza espiritual, a la resistencia y a la madurez en Cristo.

El mensaje es muy claro: La perseverancia bajo presión agrada a Dios.

Dios no espera perfección, pero busca y recompensa la perseverancia. Así que, hombre de Dios, preste atención: El mensaje es:

No abandone la búsqueda. Aguante. Siga persistiendo en permanecer de pie sobre el esquí. Pruebe una vez, y otra, y otra, porque la recompensa merece siempre la pena:

> Bienaventurado el varón que soporta [persevera bajo] la tentación; porque cuando haya resistido la prueba, recibirá la corona de vida, que Dios ha prometido a los que le aman. (Santiago 1:12)

17

Establezca ahora sus límites

Recibí una increíble lección sobre los límites poco después de graduarme en la Universidad de California en Los Angeles. Me habían invitado a trabajar como el encargado de preparar las reuniones de Josh McDowell, el escritor y orador cristiano, y esta oportunidad era como un sueño que se hacía realidad. Gran parte del tiempo libre que tenía como nuevo creyente lo había dedicado a la lectura de los libros de McDowell sobre la viabilidad y exactitud de la Biblia y su defensa del cristianismo histórico (*Más que un carpintero* y *Evidencias que demandan un veredicto*). Él ya era conocido por millones de personas en todo el mundo y había alcanzado a innumerables buscadores para el evangelio mediante sus escritos, sus conferencias y su inquebrantable dedicación a Cristo.

Como el promotor de las famosas conferencias de McDowell en las universidades, mi tarea consistía en ir a los centros universitarios varios meses antes de las reuniones para reunirme con los grupos de estudiantes y miembros de facultades que patrocinaban los encuentros. Por lo general, durante un período de dos noches en el lugar más grande de la universidad, miles de estudiantes y miembros de la facultad se reunirían para escuchar a McDowell hablar. Era precisamente porque estos acontecimientos eran tan grandes que se requería bastante planificación y coordinación.

Cuando estudié por primera vez el manual para estas reuniones (mi Biblia para estas actividades), me di cuenta de inmediato de una sección dedicada a algunos de los límites morales relacionados con las visitas de McDowell. Veamos algunos que me llamaron bastante la atención:

- Un asistente varón tenía que ocupar el cuarto siguiente al de McDowell.
- La persona encargada de recoger y llevar a McDowell al aeropuerto tenía que ser un varón.
- Los paquetes, las comidas y las cartas para McDowell tenían que depositarse en el cuarto del asistente, nunca en el cuarto de McDowell.
- McDowell nunca estaría solo para hablar o aconsejar a una mujer en un lugar privado.
- Una vez que llegaba a la universidad, ¡alguien tenía que acompañarle cada vez que necesitara ir al baño!

A todas partes donde iba tenía que explicar estas condiciones, que *no eran negociables*. A medida que iba explicando cada estipulación del contrato para las conferencias, recibía las miradas más extrañas. En un sentido, no podía culpar a aquellos que firmaban los acuerdos, porque las normas eran de verdad inconvenientes —y no negociables. En mis primeros meses con el ministerio de McDowell me pregunté varias veces el por qué de estas reglas. Por fin una vez le pregunte a McDowell la lógica detrás de estas limitaciones.

—Kenny, no quiero nunca dañar la causa de Cristo —me contestó McDowell—. Y yo insisto en estas normas para asegurar de que la causa de Cristo nunca queda moralmente avergonzada.

—¿Cómo llegaste a elaborar estas directrices?

—Otro hombre me habló acerca de la necesidad de tenerlas y cómo le habían ayudado a él a lo largo de los años.

—¿Y quién fue ese hombre?

—Billy Graham.

—¡Vaya! —dije con mi mejor acento de «surfista» del sur de California. Eso si que está bien.

**En vez de pensar que ellos estaban por encima
de la tentación, estos notables hombres de Dios
planearon para evitarla.**

Dejemos esto bien en claro. Estos dos hombres que muchos consideran los apóstoles de los tiempos modernos —dos hombres sólidos como el Peñón de Gibraltar— ¿sienten que ellos necesitan estos límites para protegerse a sí mismos? ¡Sí! En vez de pensar que ellos estaban *por encima de la tentación*, estos notables hombres de Dios *planearon* para evitarla. Establecieron y demandaron límites para proteger su integridad y sus ministerios. Como pude ver de primera mano, estas acciones reflejaban el valor que ellos ponían en sus relaciones con Dios y con las personas que tocaban con el mensaje del evangelio.

Esto fue un enorme cambio de paradigma para mí. Los hombres espirituales más maduros que he conocido eran los que se mostraban *más conscientes* de sus debilidades, y dieron pasos preventivos para establecer «líneas de seguridad» que ellos no podían cruzar. *Si Josh McDowell y Billy Graham viven con estas precauciones*, pensé yo, *¿quién soy yo para vivir sin ellas?*

-LÍMITES-¡NO IMPORTA QUIÉN SEA USTED!

Recibí otra lección acerca de los límites unos pocos años después, cuando William Bennett, el entonces jefe de la Oficina Federal de la lucha contra las drogas bajo el presidente George Bush (el padre, no el hijo), estaba buscando un partido de fútbol americano con banderas. (Las banderas las llevan los jugadores colgadas a los lados de la cintura. Para detener al que tiene la pelota, hay que agarrar la bandera y tirar de ella).

Ya sé, eso de jugar a este tipo de juego con Bill Bennett parece algo extraño, y no le voy a contar los detalles de cómo me involucré en eso, pero aparentemente los muchachos de Bennett (asociados y amigos) querían jugar contra unos jugadores profesionales con los que yo estaba trabajando en ese tiempo. El juego fue divertido y sin incidentes (nosotros ganamos), pero nunca olvidaré las precauciones de seguridad que se tomaron para poder jugar. El Servicio Secreto de los Estados Unidos estableció el perímetro y ocuparon sus lugares alrededor del campo. Cada participante tenía que someterse a una investigación de sus antecedentes antes de permitirle jugar.

Recuerdo que me pregunté qué llevarían aquellos agentes del Servicio Secreto debajo de sus ropas, pero lo que sí sabía es que era algo más que chalecos antibalas. En aquel tiempo, no me daba cuenta de la gravedad de la situación desde el punto de vista de la seguridad, pero ahora sí que lo sé. Bennett tenía que estar a la cabeza en la lista de asesinatos de los traficantes de drogas debido a que su tarea era la de desbaratar las actividades de esos individuos mediante el control del tráfico de drogas y la educación.

A pesar de todo el movimiento que rodea la protección de un ministro del gobierno federal, no es nada comparado con la seguridad que rodea al presidente de los Estados Unidos que está activo. Cuando el presidente de los Estados Unidos se dispone a subir al *Air Force One* (el avión presidencial), hay todo un mundo de actividad de protección que se pone en marcha, aunque mucho de ello nunca se ve. Por supuesto, ya estamos acostumbrados a ver esos rostros estoicos vestidos con trajes y gafas oscuros que se mantienen en constante vigilancia mientras el presidente saluda y da la mano a las personas.

Antes de que el presidente salga de la Casa Blanca, se debe considerar cada detalle, asegurar límites claros y poner en marcha planes bien ensayados. En este sentido, el líder del mundo libre no es un hombre libre. *Él no puede hacer lo que le plazca.* Por ejemplo, debe estar acompañado en todo momento. Debe evitar ciertos ambientes que aumentan su vulnerabilidad. La preparación de sus comidas se debe supervisar. El acceso al presidente debe estar limitado. Sus programas de actividades deben cumplirse con meticulosa precisión. Su caravana de autos debe llegar y marchar de lugares no revelados y a menudo inesperados. El automóvil del presidente no puede pararse ante un McDonald's para comprar una hamburguesa, ni tampoco puede pararse en una farmacia en el camino para comprar un jarabe para la tos. ¡Ni siquiera puede ver la última comedia romántica con la primera dama en el cine local!

Piense en esto: El presidente no se pertenece a sí mismo, y él tiene que estar dispuesto a someterse a sí mismo a lo que nos puede parecer a nosotros los límites más ridículos a fin de cumplir con sus deberes. Estos límites actúan como una línea de protección, claramente establecida, que el presidente sencillamente no puede cruzar a causa de quién es, los riesgos involucrados y las posibles consecuencias para él y la nación.

Los límites le protegen de quedar dañado. Le proveen de libertad para llevar a cabo sus deberes. Preservan la capacidad de la nación para funcionar con eficiencia. Al final del día, el costo del liderazgo es la aceptación de la responsabilidad y, más prácticamente, los límites que lo acompañan.

Como hombres de Dios, también debemos tener límites predeterminados que nos ayudan a cumplir con nuestro compromiso con Cristo. ¿Qué significa eso? Piense en ello:

- Debemos planear con tiempo.
- Debemos conocer el ambiente que produce riesgos.
- Debemos conocer las fuerzas y estrategias de nuestros enemigos.
- Debemos conocer las debilidades y establecer límites que demuestran que somos conscientes de ellos.
- Debemos respetar los límites claros y las advertencias que encontramos en las Escrituras.
- Debemos ver con claridad el valor de ciertos límites a nuestra libertad, límites que producen un mayor bien en nuestras vidas y en las vidas de otros.
- No podemos esperar que sencillamente vayamos a conquistar las tentaciones y los ataques directos contra nuestra fe.

- Tenemos que capacitarnos en las disciplinas espirituales.
- Tenemos que planear para la tentación y pensar bien con antelación en escenarios peligrosos.
- Tenemos que montar una red de apoyo que nos siga donde quiera que vayamos.
- Tenemos que cooperar dinámicamente con otros que apoyan nuestras metas espirituales.

El hombre de Dios tiene que establecer límites claros y visibles que nunca cruzará a fin de que pueda llevar a cabo los propósitos de Dios para su vida. Eso requiere humildad, fe y diligencia: «El que guarda el mandamiento guarda su alma; mas el que menosprecia sus caminos morirá». (Proverbios 19:16)

Jesús mismo usó un vocabulario sorprendente para lograr que la enseñanza penetrara en la mente de los hombres de sus días:

> Si tu mano te fuere ocasión de caer, córtala; mejor te es entrar en la vida manco, que teniendo dos manos ir al infierno, al fuego que no puede ser apagado, donde el gusano de ellos no muere, y el fuego nunca se apaga. Y si tu pie te fuere ocasión de caer, córtalo; mejor te es entrar a la vida cojo, que teniendo dos pies ser echado en el infierno, al fuego que no puede ser apagado, donde el gusano de ellos no muere, y el fuego nunca se apaga. Y si tu ojo te fuere ocasión de caer, sácalo; mejor te es entrar en el reino de Dios con un ojo, que teniendo dos ojos ser echado al infierno, donde el gusano de ellos no muere, y el fuego nunca se apaga. (Marcos 9:43-48)

Jesús, el maestro de la comunicación, sabía cómo conseguir que los hombres le prestaran atención mediante el uso de formas de expresión. Aun hoy podemos entender lo que Cristo estaba diciendo:

- Hagan todo lo que sea necesario para despojarse del pecado en sus vidas.
- Mantengan a Dios en el centro de sus vidas.

Con estos oyentes en particular, Jesús quería que entendieran bien la seriedad del pecado y de las heridas espirituales que causa. Y aun más, usó la imagen de cortar algo para dejar bien en claro que el hombre de Dios necesita tomar las acciones drásticas necesarias para evitar el pecado. (¡Estoy seguro que los hombres que están leyendo están contentos porque Cristo no mencionó otras partes de su anatomía!) Tengo que creer que Jesús no hubiera tenido que usar esas ilustraciones fuertes si sus oyentes hubieran tenido gran cuidado en sus elecciones.

Debemos planear con tiempo. Debemos conocer el ambiente que produce riesgos. Debemos decidir con tiempo la dirección que llevaremos.

Para muchos de los hombres con los que trabajo, dejar una relación, un hábito o una tarea que ellos saben que no es coherente con el plan de Dios es casi tan difícil como cortarse una mano. Pero la meta elevada del hombre de Dios —conocer y servir a Cristo— es digna de cualquier sacrificio o pérdida percibida. El mensaje es este: *Debemos ser implacables en cuanto a la eliminación del pecado de nuestras vidas.* Para hacerlo tenemos que escoger, con antelación, la dirección en la que vamos a ir. Para lograrlo, el hombre de Dios tiene que tomar la iniciativa para establecer límites que le ayudarán a conseguir la victoria en los dominios clave de su existencia, tal como Billy Graham y Josh McDowell me inspiraron a hacer.

SIN LÍNEAS NO HAY MEDALLAS

Mi amigo (y ex jugador de los Bruin de UCLA) Brian Goodell es un ídolo de la natación en nuestro pueblo en el Condado de Orange, un semillero para ese deporte. A Brian le piden con frecuencia que hable delante de audiencias acerca de cómo ganó sus medallas de oro en las Olimpiadas de 1972 y 1976 en las competiciones de 1500 y 400 metros en estilo libre. Sus actuaciones en Munich y Montreal, dice él, reflejan años de preparación, miles de horas pasadas en la piscina y el compromiso a ser el mejor.

¿Pero qué si, al agacharse Brian para empezar la competición, las líneas negras y las cuerdas no estuvieran allí en el momento de sonar el disparo para tirarse al agua? El agua salpicaría, los nadadores se chocarían y la confusión y el caos reinaría entre aquella docena de grandes nadadores que se arremolinarían en el agua. Todos sabemos que una piscina abierta no funcionaría en una carrera para ganar una medalla de oro. El éxito individual requiere las líneas que establecen las cuerdas. La fortaleza, el corazón, el entrenamiento, la motivación y la voluntad de triunfar *todavía requieren los límites* si es que van a producir una medalla olímpica.

Muchos hombres que conozco nadan y reman en la vida sin líneas. Tal vez tengan el deseo. Puede que estén bien entrenados en las disciplinas espirituales. Puede que hayan estudiado la Palabra de Dios y formado bastante músculo espiritual mediante sus buenas relaciones con otros hombres en la iglesia. Pero cuando llega el momento de poner toda esta dedicación, entrenamiento y actividad juntos para ganar sus carreras espirituales, abandonan antes de llegar a la línea final.

Lo que les lleva a muchos hombres a solo chapotear en el agua es su incapacidad de establecer los límites necesarios que ayudan a aprovechar al máximo su entrenamiento. Así como mi amigo Brian no hubiera podido ganar sus medallas sin las líneas, el hombre de Dios no puede ganar sus batallas sin límites. Agitar brazos y piernas en el agua nunca será suficiente; es necesario establecer un plan específico y cumplirlo. Eso significa establecer *con antelación* esas acciones que preservarán su compromiso, le ayudarán a practicar su fe y le permitirán producir los resultados deseados que está buscando como hombre de Dios.

¿Cuáles podrían ser algunos de esos límites? Pensar en:
• Los lugares donde irá o no irá.

- Cosas que pondrá o no pondrá en frente de sus ojos.
- Amistades que conservará o no conservará.
- Situaciones que usted aceptará o evitará.
- Disciplinas que seguirá o que no seguirá.
- Palabras que usará o no usará.
- Conversaciones en las que participará o no participará.
- Relaciones que va a cultivar o no cultivar.
- Pensamientos que va a permitir en su mente o que los va a desechar.
- Valores que enseñará o no enseñará a sus hijos.

En un sentido más específico, los límites predeterminados pueden incluir tomar decisiones como las siguientes:

- Bloquear que le pasen en la televisión del hotel la información sobre películas pornográficas.
- Negarse a dar golpes bajos durante desacuerdos matrimoniales.
- Decir no cuando le piden hacer cosas en el fin de semana que no incluyen a toda la familia.
- Nunca estar a solas con una mujer que no es su esposa.
- Cambiar el canal cuando aparecen escenas inapropiadas en la pantalla.
- Decidir que los bares no son lugares apropiados para reunirse con una mujer.
- Negarse a mantener secretos destructivos para con su esposa.
- Nunca tomar decisiones financieras o familiares importantes sin consultar primero con su esposa.

Cuando lidiamos con estos asuntos antes de que aparezcan, creamos las líneas en las que podemos permitir que funcione nuestra energía espiritual con libertad. Estamos contando el costo de lo que significará edificar una vida espiritual sólida; estamos ajustando nuestras expectativas para que coincidan con la realidad de ser un hombre de Dios.

En los años que llevo trabajando con hombres, he visto cómo la falta de límites claros y sólidos ha resultado en vidas espirituales incompletas, como nos dice Jesús en las Escrituras:

Porque ¿quién de vosotros, queriendo edificar una torre, no se sienta primero y calcula los gastos, a ver si tiene lo que necesita para acabarla? No sea que después que haya puesto el cimiento, y no pueda acabarla, todos los que lo vean comiencen a hacer burla de él, diciendo: Este hombre comenzó a edificar, y no pudo acabar. (Lucas 14:28-30)

Los buenos límites nos ayudan a terminar la carrera. Clarifican nuestras convicciones. Nos proveen de dirección moral clara al designar una senda predeterminada sana a las situaciones que surgen en la vida. Establecen las líneas que nunca cruzaremos por el amor por Cristo Jesús y el deseo de ver su plan realizado en todas las áreas de la vida.

Nunca conoceremos los horrores de los que hemos escapado cuando encontramos la verdadera libertad dentro de los límites de Dios.

Establecer límites es una disciplina. A este fin, Oswald Chambers comentó una vez: «Los impulsos están bien en los niños, pero son desastrosos en un hombre. Los impulsos se deben entrenar para convertirlos en intuición mediante la disciplina».

Las cosas a las que tendemos a resistirnos más —límites, normas, reglas y restricciones— son las mismas cosas que necesitamos más a fin de experimentar la libertad. Esto parece una paradoja, pero es cierto. Resistirnos es como tratar de saltar la cerca sin darnos cuenta que el Gran Cañón nos espera al otro lado. Nunca conoceremos los horrores de los que hemos escapado cuando encontramos la verdadera libertad dentro de los límites de Dios.

Cuando entendemos que la verdadera libertad requiere restricciones, veremos estas Escrituras en una nueva luz. Dios no establece los límites solo para ver si podemos ser buenos y seguir las normas. Nos los da con el fin de mantenernos a nosotros y a nuestros amados protegidos de los fracasos morales y espirituales, y hacer que seamos esposos, padres y hombres de Dios buenos y fieles. Los estableció para ayudarnos a experimentar la vida verdaderamente abundante que Jesús vino a darnos.

18

Niños pequeños y niños grandes

Lo llamamos con frecuencia bagaje emocional, pero son sucesos en nuestras vidas —y relaciones no resueltas con los padres— que nos pueden crear dificultades durante muchos *años* después de hacernos adultos. Aconsejé a un hombre con bagaje emocional que se llamaba Nicolás, que quedó herido temprano en su niñez por un padre que no le prestaba atención.

Nicolás era el último de seis hijos que llegó a la familia cuando su padre servía en la Marina de Estados Unidos en la base naval de la bahía de Coronado en San Diego. La familia había tenido bastantes traslados por causa de la carrera del padre, pero para cuando Nicolás llegó, la familia se había establecido en el sur de California y los traslados se habían terminado.

Nicolás no vio mucho a su padre mientras crecía en casa. Su padre era una especie de versión 1970 del Baron von Trapp, que vestía a sus hijos con uniformes de la marina y hacía todo conforme al reglamento, hasta llamar a sus hijos mediante un silbato. Cuando el padre estaba en casa todo funcionaba como si fuera un barco de la marina más que como una familia: Imponía muchas reglas insignificantes que tenían que cumplir y tareas sin sentido que había que hacer. El hábito de beber del padre tampoco ayudaba. Las discusiones con su primero de abordo (su esposa) eran comunes, salpicadas a menudo con maldiciones y portazos, seguidas por días de tensión. Parecía que los padres de Nicolás vivían distantes y encerrados en sus pequeños mundos. El de ella estaba lleno de los niños y sus actividades; el de él se llenaba con su trabajo, con leer el periódico y beber.

Cuando Nicolás tenía seis años, su papá se jubiló de la Marina y encontró trabajo como ingeniero de logística para una empresa de material de defensa en San Diego. El tiempo que pasaban juntos como padre e hijo tenía que ver por lo general con las tareas de la casa en los fines de semana. Durante esos años formativos, Nicolás hacía todo lo que podía por estar cerca de su papá. Cuando el papá regresaba del trabajo, el diligente muchacho cargaba con su maletín. Cuando tomaba un vaso de leche, Nicolás se servía otro e imitaba a su papá, con una mano en la cadera y diciendo un sonoro «ah» cuando había terminado. Cuando se hizo un poco mayor, Nicolás se levantaba temprano los sábados por la mañana para cortar el césped alrededor de la casa y poder así mostrarle con orgullo a su papá el buen trabajo que él había hecho. Él hacía que su cuarto brillara por su limpieza y le pedía a su papá que fuera a inspeccionarlo a fin de poder recibir un sello de aprobación de la Marina.

Cuando el padre estaba en su estudio, Nicolás se quedaba en la puerta, sin atreverse a entrar, hasta que él se daba cuenta y le invitaba a entrar. Cuando su padre se encontraba en el trabajo o dormido por causa de la bebida, Nicolás rebuscaba entre los cajones de su padre, revisando cuidadosamente las cajas de puros en los que guardaba sus relojes, navajas de bolsillo, botones de manga y otras baratijas que eran especiales para él. Eso era algo arriesgado, pues si le pillaban el castigo era probar el cinturón del padre. Pero esos riesgos no le importaban. Él estaba dispuesto a hacer cualquier cosa con tal de estar cerca del hombre que era un misterio para él.

Aunque su mamá estaba siempre allí, Nicolás anhelaba pasar un poco de tiempo con su papá, por poco que fuera. Los contactos de padre-hijo estaban limitados en la mayoría de las veces a las ocasiones que iban juntos a la tienda de licores. Nicolás se resignó a las migajas de tiempo que su padre le daba y por lo general, aceptaba que él no le prestara atención.

**Hasta hoy, Nicolás se pregunta si él es digno,
se pregunta cuán importante es él.**

El pequeño Nicolás se convirtió al fin en el crecido Nicolás y, al final de su último año de secundaria, ya estaba orientado a la universidad. Fue un buen estudiante y excelente en los deportes, y aprendió que sus esfuerzos le conseguían honores, aceptación y aprobación, e incluso un gruñido de reconocimiento de parte de su padre. Él era también la vida de las reuniones, una especie de camaleón social que vivía para las risas y para la atención de las muchachas. Estaba desesperado por tener relaciones amorosas, de manera que dedicaba mucho tiempo y energía a que las chicas le prestaran atención.

Después de la universidad, una señorita por fin le prestó atención —y se casaron. Pero ahora, después de dos décadas de matrimonio, de una carrera, de criar a sus propios hijos y de acumular diez kilos más de peso, el Nicolás adulto es todavía el Nicolás niño metido en un cuerpo de hombre.

Hasta hoy, Nicolás se pregunta si él es digno, se pregunta cuán importante es él. Su enfoque en las cosas materiales lo han llevado a confundir el valor neto con el valor personal: los autos, las ropas y los vinos de marca los examina con mucho cuidado. Parece como si el niño pequeño estuviera todavía buscando la aprobación de alguien como una forma de compensar el pobre sentido de valor propio formado en sus primeros años.

ASUNTOS PENDIENTES

Nicolás le teme al fracaso porque el fracaso significará rechazo. El rechazo es casi mortal para el adicto a la aprobación. De modo que para prevenir el fracaso en las relaciones, en criar a los hijos y en interactuar con otros, las situaciones tienen que ser controladas, predecibles y deben producir los resultados buscados. El problema con Nicolás es que la gente se está cansando de que él viva conforme a su pasado herido con ellos. En realidad, su temor al rechazo, obsesión con la aprobación y necesidad de controlar las cosas para saciar su baja autoestima está alejando de él a las personas que más necesita. Lo peor de todo es que estos conflictos internos le están llevando a hacer cosas que él sabe que no agradan a Dios. Si ese comportamiento no le destruye, lo hará la sensación de culpabilidad.

Después de encontrarme con cientos de hombres como Nicolás en relaciones de uno a uno, hemos llegado a estas sencillas conclusiones, que surgen de manera directa de las experiencias de vida de estos hombres (y de nosotros también):

1. Las familias forman a las personas.
2. La relación formativa clave para un hombre es la relación con su padre.
3. Un hombre pasará décadas de su vida tratando de compensar el vacío en las relaciones con su padre. Hasta que no se cure, los intentos de compensar le llevarán a estilos de vida destructivos, hábitos, adicciones y relaciones fallidas.
4. Cada hombre debe enfrentar y lidiar directamente con las heridas que frenan su progreso.
5. Todo hombre que tiene el valor de permitir que Dios toque «las heridas del padre» y que llene el vacío puede encontrar sanidad y renovación.

En efecto, si un hombre ama a Dios y está haciendo todo lo que hemos presentado en este libro, pero todavía está esclavizado a una tendencia o hábito en particular, eso nos indica que todavía le quedan algunos asuntos pendientes que necesitan el toque sanador de Dios. Las heridas del pasado motivan el comportamiento presente, y las relaciones del hombre —incluyendo su conexión a Dios— quedarán influenciadas de forma negativa por esas heridas hasta que las raíces de ellas se descubran, se reconozcan y se lleven a Dios.

Y solo los más valientes de los hombres de Dios van allí. ¿Por qué? Porque eso significa examinar algunas verdades dolorosas que preferiríamos olvidar. Significa excavar un poco para sacar a la luz la verdad que está detrás de algunas de las cosas que hacemos. Implica llegar a la fuente de nuestros defectos de carácter aun después de haber caminado con el Señor por años. Pero ya sea que tenga dieciséis años o sesenta, la verdad le hará siempre libre; no debiera haber temor de mirar la verdad cuando Dios le está llamando a profundizar más. «He aquí, tú amas la verdad en lo íntimo, y en lo secreto me has hecho comprender sabiduría». (Salmos 51:6)

No debiera haber temor de mirar a la verdad cuando Dios le está llamando a profundizar más.

Lo que estoy diciendo es que nuestro Padre celestial irá hasta la raíz que causa nuestros pensamientos y acciones si se lo permitimos. Su aguda mirada puede penetrar hasta en las áreas más dolorosas de nuestras vidas, dejar su marca allí, y proveernos del discernimiento que necesitamos. Y cuando nos revela ciertas verdades básicas que impactan nuestras relaciones con Él y con los demás, puede dedicarse a sí mismo y sus recursos para rehacernos y moldearnos a ser hechura suya. Su plan no es que nuestras vidas queden formadas por las pérdidas y heridas del pasado, sino que nos convirtamos en la obra de sus manos, formados conforme a la imagen de su Hijo. «Ahora pues, Jehová, tú eres nuestro padre; nosotros barro, y tú el que nos formaste; así que obra de tus manos somos todos nosotros». (Isaías 64:8)

ENTONCES Y AHORA

Sí, las heridas suceden temprano en la vida. El padre de Marcos era un alcohólico, que desaparecía a veces por días. Cuando

Tomás tenía ocho años, su padre dejó a su mamá y nunca más volvió. Los padres de Alan se divorciaron cuando él tenía once años. El padre de Carlos viajaba constantemente y se reemplazaba a sí mismo con regalos y juguetes. El padre de Guillermo le daba una paliza cada vez que se emborrachaba. Kevin vivía a la sombra de su padre que era el pastor de la iglesia más importante en la ciudad, y como un hijo de pastor sentía que estaba viviendo bajo un microscopio. Óscar tenía un gran padre, pero un tío suyo le molestó sexualmente y nunca se lo dijo a nadie. El padre de Felipe estaba tan humillado y aplastado por su jefe que la tomaba con su familia cada vez que llegaba a casa del trabajo. El padre de Emilio no estaba presente cuando este recibió su tercera placa de reconocimiento como el mejor jugador, pero tampoco había estado en las dos ocasiones anteriores, de manera que no era una sorpresa para él.

Los padres que están emocional o físicamente desconectados de sus hijos ponen un gran signo de interrogación sobre el futuro de ellos. Lo que sus hijos se están preguntando es: *¿Soy digno de amor y aceptación?* A medida que los niños pequeños se hacen niños grandes, se pasan el resto de sus vidas tratando de responder a esa pregunta. Esa es la razón por la que cuando le preguntamos a un grupo de hombres acerca de su relación con sus padres, algunos van a sonreír, otros se van a echar a llorar o hacer gestos de enojo o indiferencia. La realidad es que las herencias de abandono, desaprobación, divorcio o enojo roban a los hijos de la bendición paternal y los predispone a tendencias autodestructivas cuando llegan a ser hombres crecidos:

- Crean distancia entre nosotros y Dios.
- Dañan nuestras relaciones con otras personas.
- Aumentan nuestra vulnerabilidad al mundo, la carne y Satanás.
- Llevan a la desobediencia del plan de Dios.

Brian ha conocido al Señor por años, pero lleva luchando con la masturbación desde que era un adolescente. En un hogar caótico lleno de alcoholismo y tensión, esto era algo que él podía controlar, y el sentimiento fuerte que recibía con cada orgasmo le ayudaba a olvidar el caos que le rodeaba. Ahora, cuando Brian y su esposa tienen conflictos, o cuando las cosas parecen estar fuera de control en el trabajo, se retira a este hábito para ayudarse a lidiar con su mundo. Él sabe que esta estimulación de sí mismo no es el plan de Dios para él; lo que es peor, se siente culpable por no tener el carácter piadoso y el poder para resolver sus problemas de otra forma. Se ve atrapado en un círculo de buenas intenciones, culpa y fracaso. Brian está actuando en base a sus heridas y dañando su relación con Dios.

Carlos lleva como creyente más de veinte años. Tiene el mal hábito de mentir y exagerar las cosas. Por haber crecido en un hogar donde se decían pocos elogios, si alguno, Carlos aprendió muy pronto que podía alimentarse de la aprobación de los demás y ganar su aceptación si los impresionaba. Hasta el día de hoy exagera sus logros. Si alguien investigara solo una de sus referencias, su currículum vítae se caería como un castillo de naipes. Sus números en el trabajo no son reales; siempre tiene que volver y ajustar sus pronósticos de ventas. En la casa, él oculta los números negativos a su esposa, quien planea el presupuesto familiar alrededor de los bonos que Carlos le dice que es probable que reciba. A la noche ella le preguntará por el bono después de pasarse el día solicitando precios para los arreglos de la casa. Carlos continúa proyectando sus viejas heridas, y eso está perjudicando sus relaciones en el trabajo y en la casa.

AL FINAL TODO SALE

Hay una vieja frase en inglés que se traduce: «Deja de darle patadas al perro». Se refiere a cuando alguien que ha sido dañado, rechazado y dejado a un lado, procede a mostrar sus emociones con los que están a su alrededor: familiares y amigos que no tuvieron nada que ver con lo que le sucedió originalmente. De una manera u otra, todos le damos una breve patada al perro después de sufrir pérdidas o heridas que experimentamos en nuestras relaciones. Y nos pasamos el resto de nuestra vida de adultos haciendo que otros paguen o, con la ayuda de Dios, haciendo que ellos paguen cada vez menos.

Cuando el hombre de Dios proyecta sus heridas, se aleja a sí mismo de Dios y de los demás, y eso solo crea dificultades. Dicho en otras palabras: A nadie le gustan los sentimientos que se producen cuando uno fracasa y daña las relaciones que consideramos importantes. Es en ese momento preciso que al mundo, a la carne y a Satanás les gusta ofrecer al hombre de Dios nuevos sentimientos procedentes de un menú tentador. Los hombres caídos y deprimidos son tentados a encontrar alivio en comportamientos que van desde la masturbación, al juego, la pornografía y el alcohol, o a compras de autos, ropas o recreación.

**Hay una vieja frase en inglés que se traduce:
«Deja de darle patadas al perro».**

Por lo general las nuevas sensaciones involucran una desobediencia directa a la voluntad de Dios. Esa es una de las razones por las que Satanás quiere que estos asuntos permanezcan sin resolver: Esto mantiene a los hombres distanciados de Dios y destruye las relaciones entre las personas. Hemos visto el daño entre los hombres de Dios —en particular en el área de la lujuria, la pornografía y la fantasía— porque estos hombres están proyectando sus heridas profundas que han sido explotadas por los enemigos de dentro y de fuera.

Podemos dar gracias que Dios tiene la respuesta para cada uno de nosotros, y viene en la forma de darse a sí mismo: «Padre de huérfanos», nos asegura el salmista (Salmos 68:5) «Aunque mi padre y mi madre me dejaran, con todo, Jehová me recogerá». (Salmos 27:10)

A pesar de nuestras pérdidas, nuestras necesidades de intimidad, afirmación y relación quedan satisfechas en nuestro Padre celestial. Ninguna búsqueda, poder, posesión o placer terrenal será suficiente, y ninguna medicina puede curar una herida como el amor y la gracia de Dios que nos ha dado a conocer en la persona de Cristo. Es por eso que Jesús, en la parábola del hijo pródigo, asombró a sus oyentes al describir al Padre como dispuesto a correr para abrazarnos cuando regresamos al hogar.

Millones de hombres crecidos han sido abandonados por sus padres terrenales, y millones más han experimentado las pérdidas que resultan de esa parte faltante de sí mismos. Esta es la razón por la que Jesús abrió el camino hacia su propio Padre —para dárnoslo a conocer a fin de que podamos encontrar el amor que falta en nuestros corazones. Nuestra parte es solo dejar que Dios nos muestre amor acercándonos a Él en la misma forma que cualquier muchacho acudiría a su papá:

- para admirarle por lo que Él es y por lo que ha hecho
- para sentarnos en su regazo y sentir su amor por nosotros
- para mostrarle nuestras heridas y dejarle que nos las cure
- para dejarle que nos afirme como sus hijos
- para hablarle de nuestros problemas profundos
- para pedirle aquellas cosas que necesitamos
- para alimentarnos con su sabiduría
- para anhelar tener su carácter

Cuando el hombre de Dios cultiva esta conexión con su Padre celestial, experimenta niveles crecientes de dominio propio porque Dios sana las heridas del pasado que originan sus comportamientos fuera de control.

Lenta, firme e indudablemente, el hombre de Dios deja de representar, empieza a aceptar la responsabilidad, y comienza a experimentar la libertad y la liberación de ser un hijo de Dios. El niño pequeño se convierte en un hombre, todo por medio del amor de su Padre celestial.

19

El impulso vital

En los últimos minutos de la película *Saving Private Ryan* [Salvemos al soldado Ryan], la cámara capta a un anciano que está en medio de un mar de cruces blancas que señalan las tumbas de los soldados caídos. Más de cincuenta años antes, en los campos de batalla de Europa, él había sido el soldado Ryan. Ahora ha regresado a las playas de Normandía para honrar al capitán John Miller, el jefe de su compañía quien, junto con varios de sus hombres, dieron su vida para asegurar el regreso del joven soldado a su apenada familia.

Al tiempo que los recuerdos inundan su mente, Ryan interrumpe sus reflexiones para rogarle a su esposa:

—Dime que yo soy un hombre bueno

—¿Qué? —responde ella. Es obvio que la pregunta la ha sorprendido y no sabe qué decir.

—Dime que he vivido una *buena* vida —dice él, buscando su confirmación.

Mirando a las tumbas y luego volviendo a mirar a su esposo, ella responde:

—Sí, tú eres un buen hombre.

En esta escena impresionante, un hombre casi al final de sus días le pide al amor de su vida que le confirme que él no ha desperdiciado la muerte de sus compañeros, soldados que sacrificaron sus vidas por rescatar la suya. La petición de Ryan nos cuenta una historia que la película nunca explora: Que el soldado Ryan *sí* vivió su vida con un sentido de responsabilidad y con una actitud de mayordomía que honró el sacrificio que hicieron de forma tan única por él. La orden del capitán antes de morir se había hecho eco en su mente durante todos esos años: «Gánatelo», le dijo Miller a Ryan justo antes de sucumbir por una herida mortal.

Esas palabras terminarían siendo el propósito guiador de la vida de Ryan. Todas las demás motivaciones quedarían consumidas por el ardiente deseo de honrar a aquellos que habían renunciado a su futuro a fin de que él pudiera vivir.

HONRE ESE SACRIFICIO

En un nivel más profundo, esta conmovedora escena es una vívida ilustración de lo que también debiera mover al hombre de Dios. Hace dos milenios, el Hijo de Dios sacrificó su vida a fin de que nosotros pudiéramos vivir. Podemos vivir nuestra fe con gran poder, al saber que Cristo nos ha dado vida eterna con Él. «Y por todos murió, para que los que viven, ya no vivan para sí, sino para aquel que murió y resucitó por ellos». (2 Corintios 5:15)

Ser un hombre de Dios gira alrededor de lo que nos motiva. Y las Escrituras son claras en cuanto a lo que debiéramos tener en el mismo centro: El hombre de Dios reconoce el sacrificio personal y único de Cristo Jesús como el determinante más poderoso de sus elecciones —*en cada dominio de la vida.*

Hace dos milenios, el Hijo de Dios sacrificó su vida a fin de que nosotros pudiéramos vivir.

Cuando comentaba sobre este tema a finales del siglo XIX, el gran predicador inglés Charles H. Spurgeon le dijo a la multitud que llenaba el Tabernáculo Metropolitano de Londres, que había solo una motivación suficientemente poderosa para llevarnos a vivir la vida victoriosa de Dios. «La motivación más poderosa para la santidad es la gracia gratuita», declaró Spurgeon, añadiendo que «nos debe mover la gratitud a un nivel de dedicación y una pureza de obediencia que el simple legalismo jamás podría conocer».

Conocido entre sus contemporáneos como el príncipe de los predicadores, Spurgeon procuró mover a las personas hacia la fe valerosa y la integridad espiritual llevándolas a que consideraran con cuidado cómo Cristo había muerto por ellos. Eso los estimularía a encontrar, o recuperar, su ímpetu espiritual. ¿Qué es lo que produce el recordar el sacrificio de Cristo? Considérelo:

- Nos invita a una respuesta personal.
- Renueva nuestra determinación.
- Reforma nuestras relaciones.
- Redirige nuestras pasiones.
- Redefine nuestro propósito.

La verdad esencial acerca de los hombres de Dios es que nuestras vidas reflejan una respuesta personal a un acto de amor del que no podemos olvidarnos. Cambia nuestro corazón:

> Pero cuantas cosas eran para mí ganancia, *las he estimado como pérdida por amor de Cristo*. Y ciertamente, aun estimo todas las cosas como pérdida por la excelencia del conocimiento de Cristo Jesús, mi Señor, por amor del cual lo he perdido todo, y lo tengo por basura, para ganar a Cristo, y ser hallado en él, no teniendo mi propia justicia, que es por la ley, sino la que es por la fe de Cristo, la justicia que es de Dios por la fe. (Filipenses 3:7-9)

EL LLAMAMIENTO A UNA FE VALIENTE

Una fe valiente empieza con una perspectiva igual de valiente, que como la del apóstol Pablo, lo arriesga todo. Creemos que la decisión de ser un hombre de Dios no tiene comparación. Es el privilegio y el llamamiento más elevado que un hombre puede tener. En efecto, este es el compromiso que nos ayuda a permanecer firmes ante la prueba, prevalecer en la tentación y eliminar el temor de otros. Más profundamente, este compromiso nos motiva para vivir para una *audiencia de uno*:

> Porque ninguno de nosotros vive para sí, y ninguno muere para sí. Pues si vivimos, *para el Señor vivimos; y si morimos, para el Señor morimos.* Así pues, sea que vivamos, o que muramos, del Señor somos. Porque Cristo para esto murió y resucitó, y volvió a vivir, para ser Señor así de los muertos como de los que viven. (Romanos 14:7-9)

Así pues, ¿quiere usted ser un hombre de Dios? Si es así, considere lo siguiente:

- ¿Está dispuesto a ir con sinceridad a Dios y confesarle sus pecados y al menos a una persona también?
- ¿Está dispuesto a servir a la familia de su esposa, a pesar de que usted pensaba que ellos deberían cuidar de sus intereses primero?
- ¿Está dispuesto a darle a Dios al menos quince minutos diarios al día para hablar con Él y leer su Palabra?
- ¿Está dispuesto a proteger su integridad con límites apropiados?
- ¿Está dispuesto a relacionarse con otros hombres de una forma sincera y auténtica?
- ¿Está dispuesto a ir por el camino estrecho del que hablaba Jesús, experimentar el rechazo e incluso sufrir, sin pensar en recompensas aquí en la tierra?

Si está dispuesto, Dios puede hacer de usted un hombre suyo. No lo podrá lograr sin Él, y tampoco lo podrá hacer sin la ayuda y el ánimo de otras personas y la responsabilidad de dar cuenta a ellos. Dios y otros hombres pueden sacarle a usted de su capullo de superficialidad y llevarle a la gran aventura de fe, crecimiento y madurez. Este camino de vida es una senda difícil, pero es un camino que le importa a Dios y marca una diferencia para los que amamos. En este momento sería muy oportuno que usted mirara de nuevo al hombre que dio su vida por usted y se dedicara a llegar a ser un hombre de Dios.

HAGA LA ELECCIÓN DE LAS ELECCIONES

Si usted se anima a seguir leyendo las últimas páginas que quedan de este libro, y si mi compañero y coautor Steve Arterburn deja de quejarse de que le estoy torciendo el brazo, me gustaría terminar *Cada hombre, un hombre de Dios* contándole una experiencia más relacionada con el fútbol americano.

Ya lo sé. Usted ya está familiarizado con lo que dijimos sobre la «zona roja», pero tiene que admitir que ha sido una buena metáfora porque casi todo hombre se puede relacionar con la marcha firme de un equipo de fútbol que le lleva hacia la línea de meta. Cuando los jugadores entran en esa zona de diez metros indica que están cerca de marcar un gol, y los jugadores tienen cuatro oportunidades de golpear la pelota. Aunque la meta está ya a pocos metros de distancia, marcar un gol nunca es automático en estas situaciones; todos hemos visto como se han frustrado muchas jugadas y se han realizado inexplicables intercepciones en estos últimos metros. Pero esa es la belleza del fútbol. Uno nunca sabe lo que puede pasar.

Nuestras vidas reflejan una respuesta personal a un acto de amor del que no podemos olvidarnos.

Quizás la situación de gol más dramática sucedió el 31 de diciembre de 1967, en la *tundra congelada* (todavía puedo escuchar la voz del locutor Chris Berman diciendo esas palabras) del campo Lambeua en Green Bay, Wisconsin. Lo que se jugaban esa ocasión los equipos del Green Bay Packers y los Dallas Cowboys era avanzar en el campeonato de la NFL [siglas en inglés de la Liga

Nacional de Futbol]. El equipo que ganara avanzaría al Super Bowl II, pero este partido lo iban a disputar los dos equipos en la víspera del Año Nuevo más frío de toda la historia de Green Bay. La temperatura registraba 25 por debajo de los cero grados, y a eso había que añadirle el factor del viento tan helado que soplaba, lo que hacía que el lugar tuviera una temperatura propia del círculo polar Ártico, *cuarenta grados bajo cero*. El campo Lambeau era una auténtica tundra congelada. En aquellos días, antes de que instalaran tubos de calefacción por debajo del césped, el campo de juego se parecía a una pista de hielo.

Después de ir por delante 14-0, los Packers iban por detrás de los Cowboys 17-14 en el cuarto período. Cuando quedaban menos de cinco minutos para que terminara el partido, los Packers empezaron su último ataque metidos en su propio terreno y movieron la pelota firmemente a lo largo del campo hasta que llegaron a la línea de los dos pies (.61 metros) cuando quedaban tan solo dieciséis segundos para terminar.

El defensor Bart Starr usó la última pausa permitida para hablar con el legendario entrenador Vince Lombardi sobre qué iban a hacer en ese momento. Solo le quedaban dos oportunidades. Los Packers podían intentar tirar la pelota, y si no lograban tirarla bien eso pararía el reloj y les daría tiempo suficiente para conseguir tres puntos con un gol de campo de bien cerca, lo cual les empataría y les daría un tiempo adicional obligado. Pero si los Packers decidían correr la pelota lo estarían arriesgando todo, porque si no llegaban al gol, no tendrían tiempo para que el equipo de gol de campo pateara la pelota.

Creemos que la decisión de ser un hombre de Dios es el privilegio y el llamamiento más elevado que un hombre puede tener.

Después de hablar con el entrenador Lombardi, Starr se sujetó de nuevo el casco y volvió al campo para darles a los otros diez compañeros de equipo las instrucciones que estaban esperando. Cincuenta mil espectadores congelados se preguntaban cuál había sido «la elección». En ese mismo momento en Scranton, Pensilvania, mi futuro suegro, Don Watson, le preguntó a su padre: «¿Qué van a hacer?». (En caso de que usted se esté preguntando que estaba yo haciendo, le diré que estaba jugando a las canicas, pues solo tenía tres años de edad).

Bill, el padre de Don, no dudó ni un segundo: «Ahí se tiene que hacer lo que los ha llevado hasta este punto», rugió con pasión. En el grupo de jugadores, los grandotes y cansados guerreros de los Packers escucharon el plan de juego, y en un instante, entendieron que se había llamado el número del defensa Jerry Kramer. Bart Starr trataría como defensa de correr casi escondido detrás de Kramer, quien abriría el camino. La tarea de Kramer sería la de tumbar al defensa Jethro Pugh de los Dallas Cowboys y abrir un camino para que Starr se metiera en la zona de gol. Lombardi y Starr tenían a su disposición una buena variedad de opciones, pero su confianza cayó en un hombre.

Starr mandó a cada uno de los jugadores a su sitio. Para los aficionados que vieron el partido, las imágenes quedan congeladas en el tiempo y son inolvidables. (Si usted no ha visto el vídeo del partido, le sugiero que lo haga). Vince Lombardi se paseaba de arriba abajo a lo largo de la línea del campo, con un programa doblado en su mano izquierda y con las nubes de vapor de su respiración flotando en el aire. Los demás jugadores estaban saltando y haciendo lo que podían para conservar el calor de sus cuerpos. Los defensas de los Cowboys se preparaban en el campo helado para luchar hasta el fin. John Facenda, el legendario comentador de la NFL, llamó a este momento: «Un rito cruel de hombría que va a determinar quiénes serán los campeones mundiales del fútbol profesional».

Starr tomó el balón del jugador del centro Ken Bowman y se movió con cuidado sobre el hielo detrás de Kramer. Miró al frente y vio que el defensor de los Dallas, Jethro Pugh, estaba fuera de su línea de visión. Starr se lanzó al espacio vacío que Pugh solía ocupar y se metió en la zona de gol para apuntar el tanto. Esta jugada se conoce hasta la fecha en la historia de los deportes profesionales como «El bloqueo». (Cuando yo entré en la escuela primaria, adorné mi cuarto con un póster de los Packers y los Cowboys alineados poco antes de que Starr empezara esa famosa jugada).

SIGAMOS A CRISTO A LA VICTORIA

Me gusta mucho esta experiencia del fútbol porque ilustra lo que Cristo está haciendo por mí. Mi Salvador está haciendo el bloqueo de Jethro Pugh, y todo lo que tengo que hacer es seguirle una poca distancia hasta la zona de llegada y alcanzar la victoria. Sin duda, ha sido una larga carrera hasta llegar hasta este punto, y me siento tan congelado que mis extremidades están entumecidas, pero Cristo estará allí cuando le necesite más. Estoy llamando *su* número y estoy confiando del buen resultado que traerá a las diferentes áreas de mi vida.

Su vida es como una gran carrera, una progresión continua hacia su meta final. A lo largo del camino, necesita hacer las jugadas correctas y desarrollar estrategias que le pongan en una buena posición para el esfuerzo final. Pero tarde o temprano, todo aquello que usted hace se centra en ese momento, el del juego final.

Esa decisión, que tenemos la esperanza de haberle ayudado a tomar, es su determinación para ser un hombre de Dios por encima de todo. Que a la luz de ver a Jesús ir hasta el límite por amor a usted, usted se entregue, con todos sus recursos mentales y físicos, hasta el límite para Su gloria.

Dios quiere que usted lo arriesgue todo por Él. Los segundos están pasando. Ya no quedan más pausas. Usted tiene esta gran oportunidad para confiar en Él y seguirle hasta la meta y alcanzar la victoria.

Tome el balón, hermano, y corra detrás de Él.

Experimentará un amanecer como nunca antes lo ha visto.

Acerca de los autores

Stephen Arterburn es el coautor de la serie *Every Man* [Cada hombre], que es un gran éxito de librería. Es fundador y presidente de *New Life Clinics*, presentador del programa radial nacional diario *New Life Live!*, creador de las Conferencias de Mujeres de Fe, conferenciante reconocido en todo el país y ministro ordenado, y autor de más de cuarenta libros. Vive con su familia en Laguna Beach, California.

Kenny Luck es el presidente y fundador de *Every Man Ministries*. Es director del ministerio de grupos pequeños de hombres y miembro del equipo ministerial educativo de la Iglesia Saddleback Valley Community en Lake Forest, California. Él y su esposa Chrissy tienen tres hijos y residen en Rancho Santa Margarita, California.

Mike Yorkey es el autor, coautor, y editor general de más de treinta libros, incluyendo los libros de la serie *Every Man*. Él y su esposa, Nicole, son padres de dos hijos, en edad de estudiantes universitarios, y viven en Encinitas, California.